Cómo hallar la voluntad *de* Dios *en un* mundo *en* crisis

TIM LAHAYE

Vida®

La misión de Editorial Vida es ser la compañía líder en comunicación cristiana que satisfaga las necesidades de las personas, con recursos cuyo contenido glorifique a Jesucristo y promueva principios bíblicos.

CÓMO HALLAR LA VOLUNTAD DE DIOS EN UN MUNDO EN CRISIS
Edición en español publicada por
Editorial Vida – 2002
Miami, Florida

TAMAÑO PERSONAL
DISEÑO- 2010

©**2002 por Editorial Vida**

Originally published in the USA under the title:
   Finding the Will of God in a Crazy, Mixed-up World
   © 1989 by Tim *LaHaye*

Traducción: *Eugenio Orellana*
Edición: *Marianela Arias*
Diseño interior: *Grupo Nivel Uno Inc.*
Diseño de cubierta: *Base creativa*

SBN: 978-0-8297-5297-7

CATEGORÍA: *Vida cristiana / Crecimiento personal*

IMPRESO EN ESTADOS UNIDOS DE AMÉRICA
PRINTED IN THE UNITED STATES OF AMERICA

10 11 12 13 14 ❖ 8 7 6 5 4 3 2 1

CONTENIDO

ONCE PERSONAS QUE HICIERON DECISIONES DIFÍCILES

«¡Hoy día la vida es demasiado compleja! Tengo miedo de extraviarme de la voluntad de Dios».

«¡Mi vida es tan complicada que no sé qué hacer!»

Estas son las típicas lamentaciones que he oído a lo largo de los años. Pareciera que cada día es más difícil, incluso para el pueblo de Dios, hacer decisiones correctas, no porque Dios haya cambiado sino porque la vida es radicalmente diferente. Nuestro mundo es, en definitiva, más complejo hoy que hace unas generaciones atrás y sin duda lo será todavía más a medida que siga aumentando la tecnología y las revoluciones social y espiritual se expandan.

Las siguientes historias son de algunas personas que buscaron mi ayuda para conocer la voluntad de Dios para sus vidas. Representan a los cientos de individuos que vienen con problemas y decisiones difíciles y que necesitan encontrar la dirección de Dios para enfrentarlos. Aunque los nombres usados son ficticios, las historias son absolutamente reales. Es probable que leerlas le hagan recordar alguna situación que usted, un familiar, amigo o un vecino hayan vivido.

Mientras lee estos ejemplos, pregúntese: «¿Cómo podría conocer la voluntad de Dios para mí en esta situación?» No va a encontrar la respuesta en este capítulo; aquí, mi intención es hablarle de decisiones complejas que algunas personas enfrentaron. Más adelante, sin embargo, usaré cada una de estas historias para ilustrar técnicas bíblicas que pueden ayudarle a tomar decisiones difíciles que puede cambiar el curso de su vida.

UNA VIUDA CON TRES HIJOS

Joan, de treinta y nueve años, vino en busca de consejería, identificándose como «viuda» con tres hijos. Me contó que se había enamorado de un hombre cristiano que tenía dos hijos de la misma edad de sus hijas. La madre había muerto de cáncer un poco más de dos años atrás. «Hemos estado saliendo por algo así como un año y medio y estamos realmente enamorados», me dijo. Y agregó: «Tenemos muchas cosas en común. Él, es un líder espiritual en su iglesia y todos los muchachos, tanto los suyos como los míos se llevan tan bien que la perspectiva de tener nuevos hermanos los hace muy felices».

Mientras me hablaba, pensaba: *¿Cuál será el problema? Porque hasta ahora, lo que me cuenta parece una situación ideal.* Pero enseguida se animó a contarme la parte difícil. «Mi esposo, mayor en la Fuerza Aérea, era piloto cuando nos casamos. Siete años atrás su avión fue derribado en Vietnam y después de permanecer por cuatro años en la lista de desaparecidos en acción, el gobierno lo declaró oficialmente muerto. Durante tres años he tenido que vivir con inseguridad sobre si estará vivo o no. ¿Qué debo hacer? Casarme con Bob, a quien amo actualmente, pero y si Charles estuviera como prisionero y es liberado, estaré traicionándolo a él, a nuestros hijos y los votos que nos hicimos cuando nos casamos. Pero si Charles está realmente muerto y decido no casarme con Bob, estaré destruyendo la felicidad de vivir juntos y el ambiente familiar que podríamos darles a nuestros hijos. He orado mucho sobre este asunto, pero el Señor no me ha dado una respuesta. ¿Qué debo hacer?»

Esta curiosa situación no es un caso aislado en este loco y complicado mundo en que vivimos. Obviamente, Joan necesitaba sabiduría sobrenatural. Como lo demostraré más adelante, la tuvo.

¿DEBERÍA EL ESPOSO CONTARLE SU INFIDELIDAD?

Dick, padre de tres hijos que asistía a nuestra clase bíblica, vino muy perturbado a verme buscando consejería. Le costó empezar a contarme su historia. A los cuarenta años de edad, disfrutaba el éxito en dos profesiones, su trabajo regular por un lado y por el otro su enrolamiento en la compañía Amway que había iniciado cuatro años antes. Con esta le iba tan bien que pensó que dentro de muy poco tiempo podría renunciar a su trabajo de ocho a cinco para pasar más tiempo con su familia.

Luego, vino el descalabro. Le había sido infiel a su esposa. «¡Solo una vez, se lo juro! Pero esto me tiene loco. Amo a mi esposa y me siento tan culpable por lo que hice, que por primera vez en mi vida estoy experimentando impotencia sexual». No me sorprendió porque he visto a hombres de veinticinco años transformarse en impotentes por el sentimiento de culpa.

Había conocido a una mujer muy atractiva en una de las convenciones de Amway. Habían pasado mucho tiempo juntos haciendo provisión para «la carne», lo que la Biblia nos dice que no hagamos. Primero charlaron, después tomaron café, luego comieron juntos hasta que ocurrió lo que tenía que pasar. Es difícil decir quién fue el que tomó la iniciativa, pero el caso es que Dick pasó una noche en un cuarto de hotel con esa dama felizmente casada. «No planeamos volver a vernos ni a comunicarnos. Ninguno de los dos quería arruinar sus matrimonios y llevar la desgracia sobre nuestras familias. Sencillamente nos habíamos apasionado y ahora nos avergonzábamos de lo que habíamos hecho. Quisiera dejar esto atrás, pero no puedo. El pensamiento me asalta cada vez que en la cama me acerco a mi esposa. He confesado mi pecado a Dios y trato de evitar que mi nivel espiritual descienda al punto que vuelva a hacer lo mismo. No vale la pena. Pero ¿qué tengo que hacer en relación con mi esposa? Si se lo digo, temo que al saberlo la destruya o la haga frígida.

¿Qué debo hacer?»

Usando algunos de los principios que aparecen en este libro, Dick llegó a descubrir la voluntad de Dios para su situación.

ADOLESCENTE SOLTERA Y EMBARAZADA

Dos padres desolados y su hija de diecisiete años, evidentemente embarazada, llegaron a mi consulta. Becky, la hija, no era alguien que en forma deliberada se hubiera extraviado. Era una cristiana que había testificado a muchos de sus compañeros en la escuela pero que en los últimos meses perdió interés en las cosas espirituales. No había querido ir al campamento vacacional de la iglesia y asistía a los cultos y a las actividades juveniles solo esporádicamente. Sentía que tener sexo con su amiguito, un muchacho atlético y muy popular, era necesario para conservarlo y disfrutar del calor de su popularidad. Aunque el pastor de los jóvenes intentó intervenir en la situación, Becky lo rechazó.

Ahora, por supuesto, estaba muy arrepentida. «He arruinado toda mi vida», se lamentó. Sus padres estaban decididos a apoyar a su hija mientras esta se enfrentaba a ese difícil trauma. Pero la situación se había complicado más todavía porque el muchacho, que no era creyente, había manifestado la intención de casarse con Becky. ¿Qué deberían hacer? ¿Cuál sería la voluntad de Dios para esta situación desesperada?

UNIENDO PEDAZOS DESPUÉS DEL DIVORCIO

Fran, una mujer que vivía con un esposo incrédulo e infiel, me contó la siguiente historia:

En 1954 me enamoré de un apuesto hombre no cristiano. Cuando acepté salir con él no tenía idea que terminaría siendo su esposa. Supuse, sin embargo, que después de casados podría hacerlo cambiar.

¡Qué doloroso fue el camino que tuve que andar! Si no hubiera sido por la gracia de Dios, me habría convertido en una mujer amargada e iracunda.

En 1961, él aceptó a Cristo en una campaña evangelística. Por pocos años fui muy feliz, empezamos a asistir a una iglesia donde fuimos muy activos. Por su trabajo, teníamos que mudarnos con frecuencia de un sitio a otro, pero dondequiera que íbamos, encontrábamos una iglesia fiel a la Palabra.

Su trabajo lo obligaba a viajar con mucha frecuencia. Mientras más fuera de casa estaba, más evidente era su retorno a su antiguo modo de vida. Empezó a frecuentar bares y su infidelidad regresó. Se rebeló contra la iglesia, dejó de estudiar la Biblia y ya no le interesaban nuestros amigos cristianos.

Quizás alguien se pregunte por qué permanecí a su lado por tanto tiempo. Ninguno de mis amigos, ni los miembros de mi familia, se había divorciado. Para mí el divorcio no era una opción.

En 1983, abandonó la casa, la iglesia y todas nuestras relaciones. Después de treinta años de casados se divorció de mí. Era el año 1984. Toda la iglesia se estremeció con la noticia. Él había pertenecido a casi todos los comités y sido muy activo en los deportes dentro de la iglesia.

¿Qué debía hacer Fran? ¿Cuál sería la voluntad de Dios para su vida destrozada? Más adelante en este libro veremos cómo Dios usó a consejeros temerosos de Dios para revelarle su voluntad.

SU PROBLEMA ERA EL TEMPERAMENTO

Después de dar una conferencia en un campamento cristiano, una atractiva consejera de unos veintisiete años me sorprendió con un pedido bastante inusual. «¿Me haría un gran favor?», me dijo. «Cuando vaya a hablar a mi iglesia el mes que viene, ¿sería tan amable en preguntarle a Tom, el pastor de los jóvenes, si se va a casar conmigo o no? Porque si su respuesta es no, quiero que desaparezca de mi vida para siempre». *¿En qué lío me quiere meter esta señorita?*, me dije. Luego me explicó que había mantenido un noviazgo de varios años con el pastor de jóvenes y que ocho veces se habían comprometido para casarse pero que cada vez que se acercaba la fecha de la boda, él rompía el compromiso. Incluso dos veces lo hizo después que se habían enviado las invitaciones.

Ambos jóvenes eran cristianos consagrados. Habían asistido juntos a una universidad cristiana, después de lo cual Tom había pasado dos años en el campo misionero antes de llegar a ser un exitoso pastor de jóvenes. A la vez que le aseguraba que la amaba, Tom no se decidía a dar el paso decisivo. Esa vacilación la tenía a ella tan cansada que finalmente le dijo: «O te casas conmigo, o no quiero verte nunca más».

Cuando al mes siguiente hablé en la iglesia de Tom, un día a la hora del almuerzo se acercó a mí y me dijo: «Tengo un problema». Y me contó la misma historia que la joven me había confiado. «¿Cuál cree usted que es la voluntad de Dios para mi vida?», me preguntó.

La situación de este joven pastor se veía complicada debido a su temperamento. Le costaba tremendamente tomar una decisión, lo que ocurre por lo general con las personas capaces, analíticas, melancólicas. Mi consejo, basado tanto en la comprensión de su temperamento como en los principios de Dios, lo ayudó a hacer lo que llegó a ser su decisión correcta. Más adelante veremos cuál fue esa decisión.

EL ALTO PRECIO POR EL PECADO

La siguiente historia me conmovió más que muchas otras, en parte porque no refleja la actitud de una mujer perdedora. Cuento la historia de Alison no solo porque es verdadera sino también porque ilustra el alto precio que tenemos que pagar por el pecado. La Biblia dice que «el camino de los transgresores es duro» (Proverbios 13.15), y esta mujer cristiana sabe que es verdad.

«He sido una madre soltera por seis años y medio; mi hijo tiene diez y mi hija doce. Seis semanas atrás cometí adulterio con un amigo que está separado de su esposa. No planeamos tener relaciones sexuales; ocurrió en un momento de debilidad. Ambos somos cristianos. Le pedí perdón, pero claro, todavía estaba lleno de sentimiento de culpa.

»Pues bien, hace tres semanas vi confirmadas mis sospechas de que estaba embarazada. Por primera vez en toda mi vida, me sentí realmente desamparada. Muchas veces en los últimos seis o siete años he sentido que ya no podía más. ¿Cómo podría arreglármelas ahora con mi tiempo, mis finanzas, mis emociones? Perdí mi trabajo y en la actualidad tengo uno medio tiempo solamente. No tengo seguro de maternidad.

»Desesperada, pedí una cita el miércoles a las 9:30 de la mañana para practicarme un aborto. Estaba consciente de que aquello era un error, pero tener un hijo bajo estas circunstancias también lo era. En eso, mi hija se rompió el tobillo. Tuve que llevarla al médico por lo que me vi forzada a cancelar la cita para el aborto. La cambié para el miércoles de la semana siguiente. En cierto sentido me sentí momentáneamente aliviada. El martes en la mañana la cancelé de nuevo para el viernes. Al fin me di cuenta de que tenía que parar eso. Necesitaba empezar a obedecer a Dios y su Palabra. Acepté que él me guiará y me librará de mis enemigos. Todavía tengo que decírselo a mis hijos (ambos cristianos), a mis amigos y a mis familiares. Por favor, oren por mí, mi familia y este bebé que está por nacer. Tenemos muchas decisiones por delante y necesitamos que Dios nos guíe».

Alison ha encontrado fuerzas en Dios, incluso durante la pesadilla de su pecado. Experimentó el perdón del Señor, aunque eso no cambió su embarazo y todas las consecuencias relacionadas. ¿Cómo podrá dar con la voluntad de Dios para la vida que tiene por delante? Más adelante veremos los principios que la ayudaron.

CASADA CON UN ADICTO A LA PORNOGRAFÍA

Durante un descanso en uno de mis seminarios sobre vida en familia, Nancy, de treinta y cinco años pidió hablarme en privado. Me contó que dieciséis años atrás se había casado con un cristiano muy fino y dedicado. Tuvieron tres hijos y hasta hace unos años disfrutaban de un matrimonio ideal.

Gradualmente, Nancy empezó a darse cuenta de una serie de cambios que ocurrían en la conducta de su esposo. No solo encontraba excusas para no asistir a la iglesia, sino que la inducía a participar en extrañas prácticas sexuales. «Lo complací durante un tiempo, no porque me gustara, sino porque quería ser una esposa sumisa. Confiaba que era algo que pronto pasaría. Pero no fue así. Poco a poco sus demandas se intensificaron y nuestro tiempo de amor se transformó en una horrible orgía que me hacía sentir degradada y avergonzada ante Dios». Me describió algunas de las prácticas, que son demasiado explícitas para incluirlas en este libro, cosas de las que he oído casi en cada seminario mientras reviso las respuestas escritas de los participantes a preguntas que les hacemos. En el caso de Nancy, entendí que la pornografía era parte del problema. Cuando el gusto de una persona revela una mente reprobada, sospecho que hay un estímulo artificial; la mayor parte de las personas no dan origen, en ellas mismas, a tales pensamientos depravados.

Nancy confirmó mis sospechas, diciéndome que debajo del colchón había encontrado revistas pornográficas. Cuando confrontó a su esposo, descubrió que era adicto a la pornografía.

¿Qué tenía que hacer Nancy? ¿Cuál era la voluntad de Dios para ella en esta situación? Me preguntó: «¿Tengo que someterme a las exigencias anormales de mi esposo? No puedo aceptar vivir así por lo que he considerado seriamente divorciarme de él». Compartí con ella una respuesta bíblica, identificando opciones que apuntaban a la voluntad de Dios. En otro capítulo vamos a explorar esa respuesta.

DUEÑO DE IMPRENTA QUE SE LIBRÓ DE PERDER 42,000.00 DÓLARES

Un día Ron, un joven miembro de mi clase de discipulado para hombres vino a verme con cara de preocupación. «Anoche no pude dormir», me dijo. «He decidido ampliar mi negocio y he encontrado a otro dueño de imprenta que está de acuerdo en convertir en una nuestras dos compañías. Dice que quiere retirarse dentro de cinco años. Con el pago de 42,000.00 dólares que tengo que hacer, formularíamos una sociedad por los próximos cinco años. Por ese tiempo, yo sería el único dueño del negocio.

Hoy teníamos que firmar los papeles. Al principio, tenía paz en cuanto al asunto, pero a medida que el tiempo pasaba, me he sentido más y más inquieto. Ahora casi no puedo conciliar el sueño. Esta mañana, después del devocional, mi esposa mi sugirió que viniera a verlo. ¿Qué debo hacer?»

Le hice una sola pregunta basada en un principio bíblico, y la respuesta lo libró de perder 42,000.00 dólares (menos el costo de una cena para cuatro: él, yo y nuestras esposas, que pagó como un acto de celebración). Usted, también, puede usar este principio.

PASTOR QUE SE INVOLUCRÓ CON UNA LÍDER DE SU IGLESIA

Un pastor y su esposa vinieron a verme debido a que se había involucrado con una líder de su iglesia. Este matrimonio estaba por los finales de los treinta, tenían cuatro hijos y una congregación que crecía. Él era un excelente predicador, pero había venido librando una dura batalla con el ego y la lujuria, batalla que finalmente perdió.

John insistió que su encuentro sexual con la líder se había limitado a una situación incidental. Su esposa añadió que John le había confesado su adulterio y que la mujer había hecho otro tanto con su esposo. Las dos parejas se habían reunido para confesarse mutuamente su participación y orar juntos. Los cuatro están tratando de perdonarse y salir adelante.

«Pero queda una pregunta», continuó John. «¿Debo salir de la iglesia o esperar que la verdad nunca se conozca y seguir sirviendo allí donde Dios parece estar bendiciéndome?» ¿Cuál es la voluntad de Dios para este pastor? ¿Cómo la voluntad de Dios lo va a dirigir para que una los pedazos de su vida?

EL CAPITÁN QUE QUERÍA SER ALMIRANTE

Ted, un amigo muy cercano, vino a verme para hablarme de una difícil decisión que tenía que tomar en su carrera. Quizás él haya sido el único piloto de la Marina que llegó a capitán a los treinta y cuatro años de edad. Capaz de volar todo lo que la Marina tenía en su arsenal, había desempeñado con éxito cada puesto importante en su meteórico ascenso hacia la cumbre, excepto uno: Comandar un barco o una base. Y necesitaba uno o lo otro si quería llegar a almirante. Él sabía que si no llegaba pronto a una de estas posiciones, no alcanzaría su meta.

Cuando tuvimos nuestra charla, Ted manejaba tres opciones, que afectarían las vidas de sus hijos adolescentes. Podría permanecer donde estaba, como comandante de un escuadrón; confiar en Dios para una posición de comandante que podría abrirle la puerta hacia el futuro; o renunciar a la Marina y aceptar una oferta de una importante fábrica de aviones para ser piloto de prueba. Si optaba por esta última alternativa, sus ingresos aumentarían considerablemente (si es que lograba sobrevivir), trabajaría en un horario más regular, sus hijos podrían ir al colegio que quisieran y la familia permanecería en la iglesia que amaban.

Al orar pidiendo sabiduría, hice lo que uno puede hacer solo bajo circunstancias específicas. Recuerde que conozco a Ted muy bien. Él es una persona temerosa de Dios, un hombre de la Palabra que busca la voluntad perfecta de Dios en todas las decisiones grandes, medianas o pequeñas de la vida. Mirándolo directamente a los ojos, le pregunté: «Dime: Realmente, ¿qué te gustaría ser?»

Sin ni un momento de vacilación, me contestó: «Toda mi vida he querido ser piloto y oficial de la Marina. Me gustaría conseguir las insignias más altas». ¿Tenía Ted derecho de intentar «tomar las estrellas con la mano»? ¿Cuál era la voluntad de Dios para mi amigo, el capitán de la Marina? Lo sabremos en otro capítulo.

LOS POLÍTICOS TAMBIÉN NECESITAN QUE SE LES GUÍE

Un amigo mío, congresista cristiano a quien llamaré Stan, quería llegar a ser senador por su estado. En Washington eso no es algo fuera de lo común. Desdichadamente, Stan había levantado una fuerte competencia para el cargo de senador dentro de su propio partido, varios de los cuales eran tan conservadores como él. Después de haber hecho el anuncio oficial y mientras estaba dedicado a conseguir fondos de campaña, descubrió que tres políticos locales estaban compitiendo para su asiento en el Congreso.

¿Qué hacer? Él quería servir a Dios en la arena política, pero ¿era ese el mejor sitio para hacerlo? La pregunta básica era: ¿Cómo podría conocer la voluntad de Dios para su futuro?

RESUMEN

Quizás usted me diga: «Un momento. Yo no soy un congresista, un militar de carrera ni un predicador. Solo soy un pecador salvado por gracia que trata de hacer lo mejor con su vida». Eso es cierto, definitivamente. Y lo mejor de todo es que su Padre celestial tiene una voluntad o un propósito para su vida.

Pero conocer su voluntad no es automático. Usted debe seguir su mapa de ruta, atender a la guía del Espíritu Santo y obedecer las señales que él ha puesto en el camino.

> Recuerde esto: Nadie ha dejado de hacer la voluntad de Dios porque Dios haya dejado de revelarle su voluntad a tiempo para hacerla.

Cualquiera que haya dejado de identificar la voluntad de Dios habrá tenido que pasar por sobre su Palabra, dirección, las advertencias de sus amigos y las «coincidencias» que él prepara ocasionalmente para usted, solo para llamarle la atención.

El que usted este leyendo este libro puede ser una de tales «coincidencias».

MI DECISIÓN MÁS DIFÍCIL

No todas las decisiones importantes que hacemos en la vida están circunscritas a nuestra juventud. Serví al Señor por casi treinta años cuando tuve que tomar la decisión más difícil de mi vida. Tiemblo al pensar lo que sería de mi vida hoy, si me hubiera salido del centro de la voluntad de Dios.

Relato esta historia al comienzo del libro para que usted sepa que no estoy escribiendo sobre principios abstractos. Si se trata de encontrar la voluntad de Dios a una edad madura, «yo lo he experimentado». Mi decisión afectó no solo mi vida sino también la de mi esposa, mi familia y la de miles de otras personas, varios cientos de ellos en una forma muy aguda.

Después de pastorear la misma iglesia por veinticinco deliciosos años, sentí que Dios me estaba guiando a renunciar y a entrar en otra área de servicio. Para ser sincero, esta fue la decisión más traumática que tuve que hacer, cambió mi vida mucho más gráficamente de lo que pensé. Nunca soñé que esto significaría dejar nuestra casa en San Diego para ir a vivir a cuatro mil quinientos kilómetros de allí, en un condominio en Washington, D.C. Puedo decir sinceramente que Dios contestó mi sencilla pero ansiosa oración: «Señor, no permitas que me salga de tu voluntad tomando una decisión equivocada en este asunto. De hecho, Padre, si esto es realmente lo que quieres que haga, te ruego que me des la suficiente confianza como para no tener jamás otro pensamiento, ni la sensación que me equivoqué».

Hay una sola cosa a la que le tengo miedo: No hacer la voluntad de Dios. Y usted quizá comparta conmigo este temor. Es la razón por la que está leyendo este libro. Todos sabemos que la felicidad y las bendiciones están íntimamente relacionadas con hacer su voluntad. No se trata solo de querer, en forma egoísta, ser bendecidos; sabemos que no tenemos más que una sola vida y esta debe vivirse para Dios y su reino. Obviamente, salirnos de la voluntad de Dios no nos permite alcanzar su perfecta voluntad para nuestra vida.

Y eso era lo que yo quería: «La voluntad perfecta de Dios para mi vida». Pero ¿cuál era la perfecta voluntad? ¿Era dejar el pastorado, o permanecer en él? La iglesia que estaba pastoreando había crecido en número diez veces en veinticinco años. Habíamos comenzado una escuela secundaria de muy buena calidad que llegó a ser uno de los sistemas escolares cristianos más grandes de la nación. Empezamos el Christian Heritage College, del cual nació el Institute for Creation Research, los que ayudaron a la formación de Family Life Seminars. Todas entidades de la iglesia (una congregación en tres lugares diferentes), propietaria de casi cuarenta hectáreas avaluadas en unos dieciséis millones de dólares, con una deuda inferior a dos millones y medio. El total de ingresos anuales de todas las entidades era de cerca de diez millones. Lo mejor de todo, el Señor había levantado un programa misionero mundial tal que, sin exagerar, se podría decir que «el sol nunca se pone en el ministerio de la Scott Memorial Baptist Church». Miles de personas eran tocadas cada año por el Espíritu de Dios y yo habría estado feliz —si la voluntad de Dios me hubiese permitido— pasar el resto de mi vida como el pastor de aquellas iglesias.

En los primeros años después de haber salido, añoraba ser pastor. Después de todo, la obra pastoral había sido mi vida por treinta años (incluyendo una iglesia en Minneapolis). A menudo decía: «Se puede sacar al pastor de una iglesia, pero no se puede sacar la iglesia de un pastor». Pero debo decir con toda sinceridad: ¡«Dios contestó mi oración»! Nunca he dudado de la dirección de Dios al hacer tan difícil decisión.

No estoy bromeando. Aquello no fue fácil. Algunos de nuestros amigos y familiares más queridos viven en el sur de California. Para ese tiempo dos de nuestros yernos eran pastores de jóvenes miembros del personal de esa iglesia, y tres de nuestros hijos vivían allí, junto con ocho de nuestros nietos. Pero cada día Dios me confirmaba que había hecho la decisión correcta. Y eso es lo que deseo para usted, particularmente cuando se trata de decisiones de mayor importancia en la vida.

No me malentiendan. Algunas personas sugieren que cuando damos un paso de fe gigantesco todo es color de rosas. Esa no fue mi experiencia. De hecho, mi fe nunca ha sido más probada que cuando dejé el pastorado. A pesar de ciertas fallas y dificultades, Dios siempre suple para mis necesidades y ha extendido mi ministerio. Francamente, no esperaba iniciar un ministerio como el que comencé, pero para todos los propósitos prácticos, eso fue lo que ocurrió. Solo al pasar de los años he visto la evidencia de la guía de Dios en términos tangibles, aunque él nunca me ha permitido dudar que me ha guiado al tomar las decisiones más importantes de mi vida.

La Escritura nos dice que Dios es fiel (1 Corintios 10:13; 2 Timoteo 2:13; Hebreos 10:23, etc.). Yo lo he probado en mi vida. Cuando termine de leer este libro usted también estará equipado para hacer decisiones correctas en cuanto a conocer la voluntad de Dios para su vida.

Debo admitirlo: No siempre he obedecido al Señor y cuando era joven, en ocasiones me salí por completo de su voluntad. Afortunadamente aquellos fueron periodos cortos y durante ellos no tuve que tomar ninguna decisión importante por lo que me ahorré la frustración de complicar mi vida. Si usted ha experimentado algunos de estos fallos, no se desespere. Hay esperanza. Siga los principios bosquejados en este libro y dé marcha atrás cuanto antes para recuperar su posición dentro de la perfecta voluntad de Dios.

Estoy seguro de una cosa: «Como la vida en la próxima década va a ser más compleja, será más difícil conocer la voluntad de Dios». ¡Pero se podrá! Dios ha prometido: «Entonces me invocaréis, y vendréis y oraréis a mí, y yo os oiré; y me buscaréis y me hallaréis, porque me buscaréis de todo vuestro corazón» (Jeremías 29:12-13).

CÓMO CONOCER LA VOLUNTAD DE DIOS EN UN MUNDO CONFUSO Y PERTURBADO

Hoy, su vida es el resultado neto de sus decisiones, buenas o malas. Mientras más viejo se pone, más influyen en usted esas decisiones. Algunas son triviales: «Qué ponerse, qué comer o cómo llegar al trabajo». Otras, sin embargo, afectan su vida entera: «Con quién casarse, dónde trabajar, ser o no ser un cristiano».

Su vida está llena de decisiones: «Grandes, medianas y pequeñas». A grandes decisiones, grandes consecuencias. A menudo trazan el curso de su vida. Las decisiones medianas influyen seriamente su vida, pero no la moldean. Pueden referirse a asuntos tales como si tener tres o cuatro hijos o si vivir dentro de la ciudad o en algún suburbio. Las decisiones pequeñas solo lo afectan levemente.

Las decisiones pequeñas se toman muchas veces en el día, pero adquieren importancia cuando se consideran todas juntas. Cuando, por ejemplo, algunas personas se rebelan contra Dios y toman muchas decisiones pequeñas contrarias a su Palabra, pueden llegar a crearse serias dificultades. Por lo general, las pequeñas malas decisiones pueden rectificarse sin mayores problemas aunque creen dolor innecesario. De los tres tipos de decisiones que usted tome, unas ocurren solo una vez en la vida; algunas se pueden corregir (aunque con mucha dificultad); y otras se hacen, se cambian y se repiten con frecuencia. Examinando las siguientes categorías podrá entender más claramente el punto.

Decisiones grandes

Las decisiones grandes tienen una influencia directa en usted. Pueden incluir:

1. *La salvación*. La decisión más importante que en algún momento tiene que hacer es si va a aceptar o no la oferta de Dios para salvación y vida eterna.

2. *La vocación*. Mientras cambia su vocación, a menudo pierde un tiempo importante que no puede recuperarse.

3. *El matrimonio*. A menos que la muerte o el divorcio le quite a su elegido o elegida, esta es una decisión que se hace una vez en la vida.

4. *La educación.* Si decide seguir estudiando después de terminar la secundaria, la universidad o alguna escuela de comercio a la que asista, recuerde que los amigos que haga a menudo influirán su vida mientras viva.

5. *Su compromiso de obedecer.* Una de las decisiones más grandes e importantes es el grado de compromiso a obedecer la voluntad de Dios, tanto su voluntad revelada como su plan específico para su vida. Y es esta una decisión que tiene que reafirmar cada día. La clave de la vida cristiana es andar diariamente en el Espíritu, una decisión que involucra rendirse a su voluntad (Gálatas 5:16-18; Efesios 5:18).

Decisiones medianas

Aunque las decisiones medianas influyen su vida entera, pueden cambiarse o hacerse de nuevo más fácilmente que las decisiones grandes. Estas incluyen:

1. *Dónde trabajar.* Una vez que ha elegido su vocación —como por ejemplo, ser un contador— tendrá que decidir si va a trabajar en una compañía grande o pequeña, dentro del campo de los seguros o de la industria alimenticia, etc. Estas decisiones moderadas afectan su vida, pero pueden cambiarse dos o veintidós años después.

2. *Dónde vivir.* Decidirse por vivir en un condominio o en una casa, en Michigan o en Florida. Pueden cambiarse cinco o quince años después con algunas consecuencias moderadas.

3. *A qué iglesia asistir.* Otra decisión mediana es si va a unirse a una pequeña iglesia Bautista o a una iglesia Metodista grande o a una iglesia que funciona en una casa de un barrio.

4. *Sus amigos.* Elegir su círculo de amigos es una decisión mediana. Los amigos influencian nuestras vidas, pero también es posible alejarse de ellos y cambiar de intereses.

5. *Sus hijos.* La decisión de tener dos o seis hijos o si los tendrá a los veinte o treinta afecta su vida moderadamente.

Decisiones pequeñas

Las decisiones pequeñas se hacen docenas de veces en el día. Si lo hacemos «para la gloria de Dios» (Colosenses 3:16-17) y en conformidad con sus principios, el resultado neto tendrá un efecto positivo sobre nuestra vida. Estas decisiones, que son interminables, incluyen las siguientes:

1. ¿A qué culto de la iglesia asistiré el próximo domingo?
2. ¿En qué tienda voy a comprar?
3. ¿De qué marca será su próximo carro?
4. ¿Cómo encontrar un ortodoncista honesto?
5. ¿Qué hacer con esa muchachita que anda interesada en su hijo?

La mayoría de la gente negativa, incluyendo a muchos cristianos se sienten muy mal debido a que les parece que muchas de las decisiones que hacen son erróneas o, en el mejor de los casos, no han sido las mejores que pudieron haber hecho. Porque le ama, Dios está interesado en ayudarle con todas estas decisiones. Algunos cristianos dejan que él los ayude solo cuando se trata de decisiones grandes mientras que ellos se encargan de las pequeñas. Por esto, muchas veces sus vidas caen tan bajo en el nivel de éxitos y satisfacciones que nuestro Señor desea para ellos.

APRENDA EL CAMINO DURO

Un día cuando fui a la tienda de comestibles de la familia, que es propiedad de uno de los miembros de nuestra iglesia, me llamó la atención un letrero que había en la ventana y que decía: «Vendida». Pronto supe que Walt había vendido la tienda a un comprador que le ofreció más de lo que podía esperar. Cuando le pregunté si había orado antes de tomar esa decisión, me contestó: «No, no lo hice». Naturalmente, le pregunté por qué no había pedido el consejo de Dios en esta materia. Vender el negocio de la familia me parecía algo de mucha importancia. Su respuesta no deja de ser interesante. Me dijo: «No, yo no molesto a Dios con cosas tan triviales como esa. Solo le pido su ayuda cuando es algo realmente importante. Las decisiones sencillas las hago yo mismo».

A los dos meses, volví por la tienda. El comprador lo había estafado y solo con mucha ayuda legal y la pérdida de una buena cantidad de dinero pudo Walt recuperar su negocio. Le tomó dos años resarcirse de las pérdidas y volver a poner su tienda en forma como para intentar venderla por segunda vez. Al ver el letrero: «Se vende», volví a preguntarle: «¿Oró esta vez, Walt?» Me respondió con una sonrisa: «¡Puede estar seguro que sí lo hice! No estoy dispuesto a cometer dos veces el mismo error».

Dios quiere que lleguemos a él con todas nuestras peticiones, particularmente aquellas que tienen la mayor influencia sobre nuestras vidas. Eso es lo que quiere decir en Proverbios: «Reconócelo en todos tus caminos, y él enderezará tus veredas» (Proverbios 3:6). A veces nos permite que caigamos de bruces, como le pasó a mi amigo Walt para convencernos que él realmente está interesado en cada detalle.

RESUMEN

Nuestra tendencia es pensar que como Dios es el Creador Omnipotente de cielos y tierra, está demasiado ocupado para las cosas comunes y corrientes de nuestras vidas. En otras palabras, nuestras mentes limitan a Dios a las capacidades humanas. Aunque los seres humanos pueden estar restringidos en su capacidad de llevar a cabo múltiples tareas, la «computadora» de Dios no tiene límites. Él puede hacer «todas las cosas bien» y eso incluye escuchar nuestro clamor cada vez que nos volvemos en fe a él. Recuerde, nuestro Señor dice que él alimenta a los pájaros, cuida de los lirios del campo e incluso tiene contados los cabellos de nuestra cabeza (Mateo 6:25-34; 10:30). Si Dios está atento a las criaturas dependientes de su mundo, ¿cuánto más atenderá a las necesidades de sus propios hijos?

¡Usted es importante para Dios! Esta verdad debe conmover su corazón. Su Palabra nos dice que para él, nosotros somos preciosos y de un inmenso valor. Quizás usted tome muchas decisiones que parecen correctas en el momento, sin pedir específicamente, la dirección divina; es mejor, sin embargo, comenzar cada día buscando la dirección de Dios, la seguridad de que él le mostrará el camino, dirigirá sus pasos y le ayudará en cada decisión. Esta es una buena práctica que debería seguir: «Mientras más importante es la decisión, más específica y seriamente debe buscar la dirección del Señor en los pasos que dé». Y antes de buscar la guía de Dios para su futuro, asegúrese de entender bien su voluntad para su vida presente.

LO QUE YA SABEMOS SOBRE LA VOLUNTAD DE DIOS

Cuando queramos conocer la voluntad de Dios sobre una situación en particular, la primera pregunta que debemos hacernos es la siguiente: «¿Qué es lo que *ya sé* sobre la voluntad de Dios para mí?» Mientras no entendamos y obedezcamos la voluntad conocida de Dios no descubriremos su voluntad para situaciones específicas.

¿Dónde podemos conocer la voluntad de Dios? En su Palabra, donde ha diseñado cuidadosamente pautas para vivir. Personalmente, no creo que alguien pueda llegar a conocer la voluntad de Dios sin consultar la Biblia, o sin atender al consejo de alguien que la conoce. A pesar de eso, muchos cristianos hacen decisiones importantes y tratan de encontrar la voluntad específica de Dios para sus vidas sin consultar la Escritura. De hecho, por lo general conocer la voluntad de Dios no es difícil si sabemos y seguimos sus pautas claramente definidas.

Dios ya ha revelado seis mandatos que quiere que obedezcamos. Estos son prerrequisitos para conocer la voluntad de Dios en áreas específicas de nuestras vidas. Si ignoramos estos mandatos nunca llegaremos a conocer su voluntad. Si los obedecemos, descubriremos que hacer su voluntad, incluso en esta área tan compleja, no es en realidad difícil.

Los pasajes de la Escritura que revelan la voluntad de Dios se pueden agrupar en dos categorías: *mandamientos* que todos debemos obedecer y *principios* para conocer la voluntad de Dios para una persona específica. Los Diez Mandamientos, por ejemplo, se dieron para que todos los obedecieran. Además, él ha escrito en su Palabra seis mandamientos que se identifican específicamente como «la voluntad de Dios». Antes que usted incluso trate de comprender la voluntad individual o específica de Dios para su vida, debería entender claramente estos seis mandatos. Personalmente, me parece inútil esperar que Dios me dé una dirección específica a menos que esté listo a obedecer los mandamientos que él ha revelado.

LA VOLUNTAD DE DIOS ES QUE USTED SEA SALVO (2 PEDRO 3:9)

En 2 Pedro 3:9 leemos que Dios no quiere «que ninguno perezca, sino que todos procedan al arrepentimiento». A lo mejor usted esperaba que citara Juan 3:16, porque describe el inmenso amor de Dios al dar a su Hijo unigénito para nuestra salvación. Pero por más hermoso que sea ese pensamiento, no nos dice *por qué* Dios nos ama. La Biblia aclara que Dios creó a la humanidad para vida eterna, y es su voluntad que todas las personas sean salvas. De hecho, 2 Pedro 3:9 especifica que cualquiera que perezca lo hace contra la voluntad de Dios. Mateo 18:14 plantea este pensamiento: «Así, no es la voluntad de vuestro Padre que está en los cielos, que se pierda uno de estos pequeños». Pasajes como el de Juan 1:12-13 y 1 Timoteo 2:3-4 nos hablan también de la voluntad de Dios para nuestra salvación.

En resumen, entonces, el primer requisito para conocer la voluntad de Dios es la salvación. Si usted no ha sido salvo a través del nuevo nacimiento mediante la fe en su Hijo y en su obra consumada en la cruz, entonces es inútil tratar de conocer la voluntad de Dios. Le ruego que establezca este punto antes de seguir adelante.

Es importante que grabe este concepto en su mente, no solo para garantizar desde el principio que usted es uno de sus hijos, sino también para asegurarse que Dios tiene un propósito para su vida. Si él quiere que usted sea salvo —y de hecho lo quiere— entonces obviamente ha diseñado un plan para su vida y, créame, ¡es el mejor que usted se pueda imaginar!

DÉJESE CONTROLAR POR SU PALABRA Y SU ESPÍRITU (EFESIOS 5:18-21; COLOSENSES 3:16-17)

El segundo prerrequisito para conocer la voluntad de Dios es: «Caminar en el Espíritu» (Gálatas 5:16a) lo que significa que vamos a vivir controlados por su Espíritu. Pablo advirtió a los cristianos de Éfeso: «No seáis insensatos, *sino entendidos de cuál sea la voluntad de Dios*. No os embriaguéis con vino, en lo cual hay disolución; antes bien sed llenos del Espíritu» (Efesios 5:17-18 énfasis agregado).

A pesar que este puede ser el mandamiento más importante de la Biblia para los cristianos, es a menudo el que menos se obedece. El versículo 17 advierte que el cristiano que no anda en el Espíritu o no es lleno con el Espíritu es «insensato». Muchos creyentes creen que vivir llenos del Espíritu es opcional. Algunos que sinceramente tratan de conocer la voluntad de Dios no se dan cuenta que primero deben ser llenos con el Espíritu. Establecer la voluntad específica de Dios para una situación determinada requiere ser sensible a la dirección del Espíritu Santo.

Cómo ser lleno con el Espíritu

Cuando usted nació de nuevo, el Espíritu Santo de Dios vino a su vida. Él quiere llenarlo o, lo que es igual, controlarlo, como lo sugiere el versículo 18. Así como el que toma es controlado por el vino o el alcohol, así el hijo de Dios debería ser controlado por el Espíritu Santo.

¿Cómo podemos dejar que el Espíritu nos controle? La respuesta, según una comparación de Efesios 5:18-6:9 y Colosenses 3:16-4:1 es ser lleno con la Palabra de Dios. Es imposible que el Espíritu te sature, sino estás cimentado en la Palabra de Dios, porque el Espíritu Santo inspiró la Palabra de Dios. Como la Escritura nos dice: «Los santos hombres de Dios hablaron siendo inspirados por el Espíritu Santo» (2 Pedro 1:21b).

Recientemente me encontré con un hombre de negocios que quería conocer la voluntad de Dios. Se sorprendió un poco cuando le pregunté, cuándo fue la última vez que leyó la Biblia. Pensó unos segundos y me contestó: «Excepto en los cultos de la iglesia, no la he leído por semanas». Francamente, considero una pérdida de su tiempo y del mío tratar de conocer la voluntad de Dios sin pasar mucho tiempo leyendo la Palabra de Dios.

Examine cuidadosamente en el cuadro que sigue los resultados de una vida llena con el Espíritu (Efesios 5 y 6) y la vida llena de la Palabra (Colosenses 3 y 4) y verá que son idénticos.

Vida llena con el Espíritu Efesios 5-6		*Vida llena con la Palabra* Colosenses 3-4
5:19	Una canción en su corazón	3:16
5:20	Una actitud agradecida	3:17
5:21-22	Un espíritu sumiso	3:18
	Esposas sumisas	
5:25	Esposos que aman a sus esposas	3:19
6:1	Hijos que obedecen a sus padres	3:20
6:4	Padres no provocadores	3:21
	Padres que crían hijos	
6:5	Siervos obedientes	3:22
6:6	Agradar a Dios, no a los hombres	3:22
6:6	Hacer la voluntad de Dios	3:23
6:9	Amos – sinceridad	4:1

Obviamente, la vida llena con el Espíritu y la Palabra son idénticas. Si usted quiere estar lleno con el Espíritu, entonces debe dejar que la Palabra de Dios penetre en su mente y su corazón, porque a través de ella, Dios llena nuestras mentes con sus pensamientos. No podemos obtener los pensamientos de Dios del mundo (la cultura), la carne (nuestra vieja naturaleza) o del diablo (nuestro enemigo). Para conocer la voluntad de Dios, debemos aprender a pensar los pensamientos de Dios. Pero para hacerlo, necesitamos estar llenos con su Palabra.

Muchos cristianos hacen decisiones equivocadas porque sus mentes están saturadas del mundo y su sistema. Y entonces justifican sus malas decisiones diciendo: «En el momento de hacer tal o cual decisión me sentí bien», o «En ese momento me pareció una decisión correcta». El problema no es que no sean creyentes, sino que sus mentes no estaban llenas con la Palabra de Dios.

Si desea ayuda práctica sobre cómo llenar su mente con la Palabra de Dios, le recomiendo mi libro *Cómo estudiar la Biblia usted mismo*.[1] En él encontrará varias sugerencias prácticas para la lectura y el estudio de la Biblia junto con algunos cuadros que harán más interesante dicho estudio.

Mientras tanto, le sugiero que empiece a leer diariamente durante treinta días algunos de los libros más cortos del Nuevo Testamento. Comience con Filipenses y siga con 1 Juan, Colosenses o su libro favorito. O divida el evangelio de Juan en cuatro secciones de cinco capítulos (la última sección tendrá seis) leyendo cada sección diariamente durante un mes. Eso le tomará solo unos veinte minutos diarios. En seis meses su mente estará llena con la Palabra de Dios. El pecado perderá su atractivo y se dará cuenta que le es más fácil discernir la voluntad de Dios.

AME A DIOS Y RÍNDASE A SU VOLUNTAD
(MATEO 22:37)

El tercer prerrequisito para conocer la voluntad de Dios es rendirse a él antes de conocer Su voluntad. El primer mandamiento, según nuestro Señor, es que «ame al Señor su Dios con todo su corazón, con toda su alma y con toda su mente» (Mateo 22:37). Tal amor solo puede ser el resultado de una sumisión total a él.

Esa rendición la describe claramente el apóstol Pablo cuando dice: «Así que, hermanos, os ruego por las misericordias de Dios, que presentéis vuestros cuerpos en sacrificio vivo, santo, agradable a Dios, que es vuestro culto racional. No os conforméis a este siglo, sino transformaos por medio de la renovación de vuestro entendimiento, para que comprobéis cuál sea la buena *voluntad de Dios*, agradable y perfecta» (Romanos 12:1-2, énfasis agregado). Todos los mortales tienen serios problemas para someter sus voluntades a la voluntad de Dios. Él sabe que somos rebeldes por naturaleza, lo cual hace que tengamos dificultades para amarle hasta el punto, de rendirle nuestros cuerpos y mentes. Tal rendición comienza con la voluntad.

¿Qué tienen en común los grandes hombres y mujeres de la Biblia? Su amor por Dios hizo que rindieran sus voluntades a él y sus éxitos se pueden medir en proporción directa con esa rendición. Para comprobar la veracidad de esta afirmación, lea las biografías de Noé, Abraham, Moisés, Josué, Ana, Ester, Elías, David, Daniel y muchos otros. La lista es interminable. Y continúa en el Nuevo Testamento con la virgen María, Pedro, Juan, Pablo y muchos otros; luego, se extiende durante dos mil años de historia de la iglesia con Wycliffe, Knox, Wesley, Moody, Finney, Goforth y millones más.

Las palabras de Pablo en Romanos 12:1-2 (citadas anteriormente) contienen quizás el desafío más conocido para someter su cuerpo totalmente a la voluntad de Dios. Esto no es solo una oración; es una actitud que usted formaliza en una oración. Y debería hacerse *antes* que conozca los detalles específicos de la voluntad de Dios para una situación particular. En esencia, lo que usted está haciendo es decirle con anticipación a Dios: «Querido Señor, antes que me reveles tu voluntad, me comprometo a cumplirla». Eso está implícito en la oración clásica de David: «Abre mis ojos, y miraré las maravillas de tu ley» (Salmo 119:18). A medida que se aproximaba a la Palabra de Dios, David afirmaba: «Aún antes que me digas por medio de tu Palabra lo que quieres que yo haga, me comprometo a hacerlo». Este tipo de actitud conduce inevitablemente al éxito en cuanto a conocer la perfecta voluntad de Dios.

Una pareja vino a verme buscando consejería, después que visitaron un centro de consejería cristiano. Lo primero que me dijeron fue: «Nos hicieron una serie de pruebas sicológicas y el consejero nos dijo que estábamos tan complicados que deberíamos pensar en el divorcio» (a pesar de los tres hijos que tenía la pareja). No fue fácil encontrar la solución a su problema, pero tenía que saber antes si estaban dispuestos o no a hacer la voluntad de Dios. No dejó de sorprenderme cuando dijeron que sí. Como no había razón bíblica para el divorcio (adulterio), los confronté con las palabras de 1 Corintios 7:27: «¿Estás ligado a mujer? No procures soltarte. ¿Estás libre de mujer? No procures casarte». Fue necesario un tiempo para que encontraran la felicidad en el matrimonio, pero todo comenzó cuando ellos con anticipación se comprometieron a hacer la voluntad de Dios, inclusive antes de saber cuál era.

Estudie los siguientes dos versículos en los cuales Dios promete revelar su voluntad. Note que estas promesas presuponen que la persona que busca conocer la voluntad de Dios *está ya comprometida a cumplirla.*

Te haré entender, y te enseñaré el camino en que debes de andar; sobre ti fijaré mis ojos (Salmos 32:8).

Entonces tus oídos oirán a tus espaldas palabra que diga: Este es el camino, andad por él; y no echéis a la mano derecha, ni tampoco torzáis a la mano izquierda (Isaías 30:21).

Personalmente dudo que Dios dé tal orientación a cristianos que él sabe que no atenderán a su voz. Si usted realmente quiere conocer la voluntad de Dios, ríndase a él antes que se la revele.

Usted puede rendirse con alegría a la voluntad de Dios porque puede confiar que su voluntad es buena. Porque él es un Padre celestial amoroso, nunca tendrá que preocuparse de lo que ha diseñado para su vida. Sin duda alguna él dirigirá su vida mucho mejor de lo bien que pueda hacerlo usted. El mejor negocio que hice jamás fue rendir mi vida totalmente a Dios. Él ha hecho con ella «más abundantemente de lo que pedimos o entendemos» (Efesios 3:20). Es posible que él no lo guíe por el camino de su preferencia pero no tenga duda que, a la larga, su camino es el mejor. Como nos lo recuerda Pablo: «El que no escatimó ni a su propio Hijo, sino que lo entregó por todos nosotros, ¿cómo no nos dará también con él todas las cosas?» (Romanos 8:32). Un Dios que sacrificó a su propio Hijo para darle salvación debe ser digno de creer que tendrá en cuenta sus mejores intereses tanto en esta vida como en la venidera.

VIVA UNA VIDA SANTIFICADA (SANTA)
(1 TESALONICENSES 4:3-6)

El cuarto prerrequisito para conocer la voluntad de Dios es vivir una vida santificada. En la carta a los Tesalonicenses, Pablo define cómo debe ser esta vida santificada:

«Pues la voluntad de Dios es vuestra santificación; que os apartéis de fornicación; que cada uno de vosotros sepa tener su propia esposa en santidad y honor; no en pasión de concupiscencia, como los gentiles que no conocen a Dios; que ninguno agravie ni engañe en nada a su hermano»
(1 Tesalonicenses 4:3-6a).

En cierta ocasión, después de un seminario «Vida familiar» un hombre me detuvo y me pidió ayuda. «Soy un cristiano lleno con el Espíritu», me dijo. «Asisto a una iglesia llena con el Espíritu y estoy tratando de decidir si Dios quiere que me divorcie de mi esposa para casarme con la mujer con la que estoy viviendo ahora».

Después de recuperarme de la impresión, le respondí: «Un momento. Vamos a dejar en claro una cosa: Usted no está lleno con el Espíritu Santo».

Por lo general, no soy tan categórico, pero en este caso me pareció que era la única manera de responder a este hombre. Él quería conocer la voluntad de Dios en cuanto a su vida amorosa, pero no estaba dispuesto a hacer la voluntad de Dios como se ha revelado claramente en la Escritura.

Cuando no vivimos una vida santa, estamos completamente fuera de la voluntad de Dios. La santidad no es un tipo de vida santa especial que Dios tiene reservada para supersantos; es su voluntad para todos los creyentes. Por tal razón, vamos a echar una mirada a tres características de esa vida santa o santificada según lo perfila Pablo en 1 Tesalonicenses 4:3-6.

Absténgase de inmoralidad sexual

Muy cerca de la autoconservación, el sexo es la fuerza más poderosa en la vida. No es una mala conducta inherente, porque a través de ella Dios quiere que propaguemos la raza. Pero él quiere que controlemos nuestra conducta sexual, no que ella nos controle a nosotros.

No se sorprenda si la tentación sexual llega a ser su mayor problema en cuanto a vivir la vida cristiana. Siempre ha sido así. Es por eso que el apóstol Pablo, en su lista de dieciocho pecados en Gálatas 5:19-21, enumera en primer lugar cuatro pecados sexuales; ¡es que *son* los primeros!

Si la tentación sexual fue algo impresionante en el primer siglo, piense en lo que será ahora. Nuestra cultura humanista está saturada con inmoralidad sexual tal como se refleja en la publicidad, en las clases de educación sexual sin valores morales, y en las campañas de «sexo seguro» auspiciadas por el gobierno que inducen a la fornicación si se hace con las debidas precauciones para no contraer enfermedades.

En la voluntad de Dios, el sexo puede ser la satisfacción más hermosa de todas las experiencias de la vida. La provisión de Dios para la expresión sexual, sin embargo, es solo dentro de los términos del matrimonio. Si toma tiempo para estudiar el punto de vista de la Biblia en cuanto a involucramiento sexual, encontrará que cada vez que la Biblia se refiere al sexo en el matrimonio, lo hace diciendo que es bueno y santo. Y cada vez que la expresión sexual se menciona fuera del matrimonio, es condenada o prohibida. Esta es la razón por la que fui tan terminante con el hombre del ejemplo arriba mencionado.

Una mujer cristiana vino a hablarme sobre el sentimiento de culpa que la agobiaba debido a que no llegaba a involucrarse sexualmente con los hombres con los que salía. Ella necesitaba el apoyo de un pastor que le dijera que su responsabilidad era hacer lo correcto, no importaba qué, y lo que eso significaba mantenerse sexualmente pura. Le recordé que el hombre que fuera la voluntad de Dios para ella apreciaría su decisión y la respetaría. Incluso la animé a que dejara de buscar al hombre de su vida y permitiera a Dios que se lo enviara. Le dije: «Cuando Dios le presente a don Correcto, se sentirá feliz de haber esperado». Cuando me preguntó si en realidad Dios le mandaría a alguien, le recordé que «si Dios no lo hace, estará mejor que si estuviera con don Equivocado».

Me complace decir que ella esperó dos años, salió con algunos hombres, hasta que se presentó don Correcto, cuya esposa había muerto hacía dos años, justo para el tiempo cuando ella y yo hablamos. Él me contó más tarde que había orado por más de un año que Dios le enviara una mujer piadosa con la que pudiera compartir su vida y que fuera una buena madre para sus tres pequeñas hijas. En la actualidad forman un hermoso hogar cristiano.

Como alguien ha dicho: «Dios da lo mejor a los que dejan la decisión a él». Pero eso significa vivir una vida sexual santificada.

Mantenga su cuerpo en santificación y honor

Según el versículo 4, Dios desea que «cada uno sepa cómo tener su propio vaso [cuerpo] en santificación y honor, no en pasión como los gentiles». ¡Dios quiere su cuerpo! ¡Nunca ha hecho de eso un secreto! A través de la Escritura y de la historia de la iglesia, repetidamente pide a sus hijos: «¿Quién va a usar su cuerpo?» Recuerde que Satanás es un mentiroso. No dice: «Yo quiero tu cuerpo». En lugar de eso, aconseja: «Haz lo que te parezca. Tú no necesitas que te diga lo que tienes que hacer». Él siempre nos tienta con la rebelión. Por supuesto, no dice que cuando alguien hace su propia voluntad, está realmente haciendo *su* voluntad [es decir, la de Satanás].

Usted tiene que hacer una decisión, no una vez, sino a través de toda su vida. ¿Quién va a usar su cuerpo, Satanás o Dios? Usted tiene solo un cuerpo, y Dios lo quiere, pero no lo quiere en su condición antigua, pecadora, sino que quiere que esté limpio. Aprendemos esta lección no solo de este pasaje sino también del consejo de Pablo a Timoteo (2 Timoteo 2:22).

La buena noticia sobre este desafío es que usted puede hacer algo sobre su santificación. Quizás no pueda cambiar su apariencia, su cociente de inteligencia o sus talentos, pero puede decidir su santificación. La mayoría de nosotros piensa que si tuviéramos un poco más de talentos o habilidades, Dios podría usarnos. Es cierto que Dios aprecia a la gente talentosa, pero él se deleita en limpiar vasos.

El versículo agrega que ahora que somos salvos, no deberíamos comportarnos como los gentiles paganos en la «pasión de la lujuria» como lo hacíamos antes de venir a Cristo. El mundo rebosa de pasión por el cultivo de la lujuria. Por eso se enriquecen los distribuidores de pornografía y son tan populares las películas clasificadas XXX. Todo esto apela a la lujuria de la carne o a lo que los jueces modernos denominan «intereses lascivos».

La pasión es una energía normal dada por Dios pero ha sido exacerbada por la indulgencia y los pensamientos o palabras lujuriosos hasta convertirse en una llama peligrosa. Los cristianos que se preocupan por mantener sus cuerpos «en honor» deben purificar sus mentes rechazando toda pornografía y otro material sugerente. En adición a eso, deben purificar sus mentes de recuerdos lujuriosos pasados.

En cierta ocasión ministraba con la ayuda de un intérprete en otro país, mi aprecio por ese joven que era mi «boca» en su lengua materna fue creciendo gradualmente. Era un cristiano de solo cinco años de convertido, casado y padre de familia. Cuando lo creyó conveniente, me hizo la misma pregunta que muchos hombres me hacen en mi propio país. «Antes de aceptar a Cristo, yo vivía la típica vida "machista". ¿Cómo podría erradicar de mi vida aquellos pensamientos que insisten en volver de cuando en cuando y arruinar mi caminar con Dios?»

Le expliqué que era necesario dar dos pasos para purificar la mente, los que eran decisivos para subyugar la lujuria de la juventud o cualquiera otra clase de deseos. *Primero*: Dejar de llenar la mente con estímulos sexuales. *Segundo*: Saturarla con la Palabra de Dios. Pase más tiempo leyendo y memorizando la Palabra de Dios porque ella le ayudará a no cometer hechos pecaminosos (Salmos 119:11). Cuando su mente y su cuerpo estén posesionados de la santificación, deje que Dios dirija y use su vida. No fuerce a Dios para que no se preocupe de su vida pensando que es un vaso sucio. Este concepto fue ilustrado un lunes por la mañana cuando me detuve ante el lavaplatos de nuestra cocina. La noche anterior nuestros invitados habían usado todos los vasos que teníamos, excepto uno. Incluso la lujosa copa que la iglesia nos había regalado para Navidad y con la que yo siempre bromeaba con Bev diciéndole que la estaba guardando para su próximo marido, la habían usado. Tan hermosas como eran no me preocupé de ellas sino que me dirigí al aparador en busca del vaso de plástico que nuestro hijo menor había mordisqueado cuando le estaban saliendo los dientes.

¿Por qué busqué ese vaso tan feo y viejo? ¡Porque estaba limpio! Por la misma razón, a menudo Dios pasa por alto muchos cristianos talentosos y selecciona un «vaso ordinario». ¿La razón? Este, esta limpio.

Sea honesto con los demás

Dentro de todo ser humano existe la tentación de aprovecharse o defraudar a otros. Todos nos hemos sentido tentados a chismear o a mentir para sacar ventaja de algo o de alguien. Pero el cristiano debe ser diferente. ¡Nosotros somos los guardas de nuestros hermanos! En lugar de tomar, debemos dar. Si decir la verdad nos costará dinero en algún negocio, debemos estar dispuestos a pagar el precio, solo porque somos honestos. Es absurdo mentir o chismear y luego pedirle piadosamente a Dios ayuda para conocer su voluntad para nuestra vida. Él exige que digamos la verdad, que nos interesemos por las demás personas. Esa es parte de nuestra santificación.

OBEDEZCA A LA AUTORIDAD LEGÍTIMA (1 PEDRO 2:13-15)

El quinto prerrequisito para conocer la voluntad de Dios es someternos a quienes están en autoridad. El apóstol lo dice de esta manera: «Por causa del Señor, someteos a toda institución humana, ya sea al rey, como superior, ya a los gobernadores, como por él enviados para castigo de los malhechores y alabanza de los que hacen bien. *Porque esta es la voluntad de Dios*: que haciendo bien, hagáis callar la ignorancia de los hombres insensatos» (1 Pedro 2:13-15, énfasis agregado).

La voluntad de Dios demanda de los cristianos obediencia a las autoridades de gobierno, a las leyes e incluso a los empleadores para que sus requerimientos no nos hagan violar la ley superior de Dios. A lo largo de la historia, los cristianos son tentados a violar la ley para lograr algo «bueno». Pero esto está prohibido, porque manchamos nuestro testimonio cristiano. Si desobedecemos a una autoridad debidamente constituida estamos violando la voluntad de Dios.

Eso no significa que Dios apruebe las leyes de todos los gobiernos. De hecho, históricamente, la mayor parte de los gobiernos han sido malos y perjudiciales para el pueblo, lo que explica por qué la Escritura a menudo se refiere a ellos como «bestias». De todos modos, si todos desobedeciéramos la ley, tendríamos una anarquía lo que haría aun más difícil llevar a cabo la voluntad primaria de Dios: «Predicar el evangelio a todo el mundo».

Los cristianos deberían ser ejemplo a otras personas en cuanto a obedecer la ley. Deberíamos ser modelos en pagar los impuestos, conducir nuestros automóviles, cancelar nuestras cuentas y respetar los derechos de los demás. Si el gobierno aprueba leyes con las que no estamos de acuerdo, tenemos la libertad de trabajar para cambiarlas. Y deberíamos hacerlo. Mientras tanto, a menos que las leyes nos obliguen a desobedecer las leyes de Dios, deberíamos obedecerlas.

Tomemos el tema del aborto que en los Estados Unidos se legalizó en 1973. Solo porque una mayoría de la Corte Suprema votó para legalizar la muerte de los nonatos, no deberíamos sentirnos obligados a estar de acuerdo o compartir su decisión. Se sabe de médicos y enfermeras que se han negado a realizar abortos porque apelaron a una ley superior: «No matarás» (Éxodo 20:13).

Por el otro lado, algunos alocados han tomado la ley en sus propias manos y han puesto bombas en clínicas de aborto. Tal actividad es un error porque viola la ley y pone en peligro vidas preciosas. La energía de tales personas debería dirigirse a aumentar el número de cristianos que voten y trabajar en favor de candidatos que compartan sus valores morales para que tales leyes injustas sean cambiadas por la vía legal. De hecho, si todos los cristianos votaran por candidatos moralmente comprometidos, tendríamos suficientes miembros en la Corte Suprema como para revertir *esas leyes* y salvar la vida de millones de bebés condenados a muerte por el aborto cada año. Este es un uso legítimo de la ley: «Obedecer la ley para producir cambios». Tomar la ley en nuestras manos no es la voluntad de Dios.

Si le resulta intolerable trabajar para alguien, de todos modos debería obedecer a tal persona o pedir a Dios que le dé otro lugar donde trabajar. De hecho, su descontento quizá haga que el Espíritu de Dios lo lleve a otro sitio. Por otro lado, Dios puede querer usar su espíritu de sumisión ante circunstancias adversas como testimonio a otros. Como dice Pedro: «Porque mejor es que padezcáis haciendo el bien, *si la voluntad de Dios así lo quiere*, que haciendo el mal» (1 Pedro 3:17, énfasis agregado).

El apóstol Pablo dice que la voluntad de Dios se cumple «de corazón» no como «agradando a los hombres» sino como «agradando al Señor» (Efesios 6:6-7).

SEA UNA PERSONA AGRADECIDA (1 TESALONICENSES 5:18)

El sexto prerrequisito para conocer la voluntad de Dios es tener una actitud mental de gratitud. La Escritura nos dice: «Dad gracias en todo, *porque esta es la voluntad de Dios* para con vosotros en Cristo Jesús» (1 Tesalonicenses 5:18, énfasis agregado). En otros lugares, la Escritura nos enseña «Estén siempre gozosos», «oren con acción de gracias» y «sean agradecidos». Pero este versículo de 1 Tesalonicenses relaciona específicamente la acción de gracias con la voluntad de Dios.

Por naturaleza, ninguno de nosotros es agradecido. Pero cuando andamos en el Espíritu, reaccionamos con una actitud agradecida. Cuando nos quejamos o nos impacientamos no estamos en la voluntad de Dios. Para Dios es más fácil guiarnos a su voluntad específica cuando tenemos una actitud de agradecimiento. He conocido personas que en forma constante se quejaban y autolamentaban probablemente inducidos por su temperamento y por un hábito de toda una vida. Si queremos disfrutar de la voluntad de Dios deberíamos reemplazar estos hábitos por una actitud de acción de gracias. Si usted o un ser querido tienen problemas con mantener un corazón agradecido en medio de circunstancias adversas, haga de esto una prioridad con Dios. Quizás usted se pregunte por qué he dejado este mandamiento como el último prerrequisito para conocer la voluntad de Dios. Porque he visto a muchos cristianos hacer todo bien pero han anulado la voluntad de Dios mediante una actitud muy humana de ingratitud. Al desarrollar una actitud mental de gratitud, usted está abriendo su corazón y su mente para la dirección específica de Dios de su vida.

RESUMEN

Estos seis importantes prerrequisitos para conocer la voluntad de Dios deben verse como órdenes que hay que obedecer y no como opciones a considerar. Estos, por supuesto, no son todos los mandamientos de Dios revelados en la Biblia, pero usted podrá comprobar que todos los otros están comprendidos dentro de estas categorías mayores.

Además de los mandamientos revelados, otra razón para leer y estudiar las Escrituras regularmente es que encontrará numerosos principios que le indicarán cómo caminar con él. Mientras mejor conozca la Palabra, más fácilmente descubrirá la voluntad de Dios para su vida *si* está dispuesto a hacerlo.

Y recuerde esto: El Espíritu Santo jamás lo llevará a violar su Palabra porque fue él mismo quien la escribió. Dios no es el creador de la confusión.

DIOS TIENE UNA VOLUNTAD ESPECÍFICA PARA SU VIDA

Más de cincuenta millones de personas en nuestra generación han oído esta afirmación: «¡Dios te ama y tiene un hermoso plan para tu vida!» Esta frase se identifica como la primera de las famosas cuatro leyes espirituales, creadas por el Dr. Bill Bright de *Campus Crusade for Christ* (CCC) [Cruzada Estudiantil en América Latina]. Bill me dijo que muchos han oído la primera ley por el ministerio de dieciséis mil representantes de CCC a través del mundo y de millones de personas que han entrenado para usarla. Bill y yo nos encontramos «por casualidad» en el aeropuerto de Chicago cuando andaba haciendo investigaciones para este libro y tomar la decisión de usar esa introducción para este capítulo. La idea que tenía en mente era algo más bien limitado a diferencia de Bill, que sabe que este ministerio tiene alcance mundial. Personalmente, encuentro excitante que muchos millones hayan sido confrontados con las buenas nuevas del amoroso plan de Dios para ellos y que muchos más respondan positivamente.

Con más de cinco billones de personas en el planeta Tierra ¿no le parece increíble que Dios haya establecido un plan para *su* vida y para la mía? ¡Pero lo hizo! La Biblia es muy clara. Piense, por ejemplo, en esto: «No cesamos de orar por vosotros, y de pedir que *seáis llenos del conocimiento de su voluntad* en toda sabiduría e inteligencia espiritual, para que andéis como es digno del Señor, agradándole en todo, llevando fruto en toda buena obra, y creciendo en el conocimiento de Dios» (Colosenses 1:9-10, énfasis agregado; véase también Efesios 4:1).

Dios no solo tiene un plan para nuestras vidas, sino que también quiere revelárnoslo. Es más, nuestro propósito al estar en esta tierra es hacer la voluntad de Dios. Una de las preguntas importantes del antiguo catecismo calvinista todavía usado en algunas iglesias, es la siguiente: «¿Cuál es el propósito principal del hombre?» La respuesta: «Glorificar a Dios» (basado en Apocalipsis 4:11).

LA VOLUNTAD UNIVERSAL DE DIOS

La voluntad universal de Dios, a veces llamada su voluntad moral, es lo que él espera que todos sus hijos hagan. En el capítulo anterior examinamos seis aspectos de esa voluntad universal. Esta no debe confundirse con su voluntad individual para su vida. La voluntad individual o específica de Dios es el plan hecho a la medida de cada uno de nosotros. El cuadro que tiene a continuación, que incluye algunos de los seis mandamientos más importantes de Dios el cual ya fue dado en su Palabra como su voluntad, y condensa, además de los Diez Mandamientos su voluntad universal para todos los creyentes.

Como verá, si quiere conocer la voluntad individual de Dios, primero debe cumplir con su voluntad moral o universal. Una vez que obedezca su voluntad universal, va a ver que le resultará más fácil discernir su voluntad específica.

Cuidado con la nueva moda

Recientemente apareció un libro de alguna manera controversial que sugiere, en esencia, que Dios no tiene una voluntad individual o específica para cada cristiano; que una vez que la persona ha respondido a la voluntad moral o universal de Dios puede usar su propio juicio y actuar de acuerdo a su deseo. El autor teoriza que los cristianos llenos del Espíritu son capaces de tomar las mejores decisiones de modo que hacer la voluntad de Dios es nada más que hacer lo que a ellos les parece mejor en tal o cual situación. Para ser justos con los que apoyan esta nueva teoría, ellos igualmente creen que debemos ser llenos con la Palabra y el Espíritu, manteniendo una actitud de obediencia a Dios. Y aunque no parecen defender la voluntad propia, desafortunadamente tienen que seguir, por lógica, la práctica de hacer sus propias decisiones. Si desechamos el concepto de Proverbios 3:6 —según el cual *debemos* reconocerlo en todos *nuestros* caminos y él enderezará *nuestras* veredas—, es solo cuestión de tiempo empezar a operar independientemente de Dios. Él puso su voluntad en primer lugar, por cuya razón debemos buscarlo de continuo en forma personal. ¿Por qué, entonces, Pablo nos aconsejaría «orar sin cesar» si no necesitáramos, momento a momento dirección, provisión, protección y poder?

Después de examinar esta nueva moda recuerdo la advertencia del fallecido Dr. Harry Ironside, mi maestro favorito de Biblia. Él decía: «Tengan cuidado con lo nuevo, porque puede no ser verdad». Encuentro esta nueva teoría —suscrita por gente muy sincera—, no

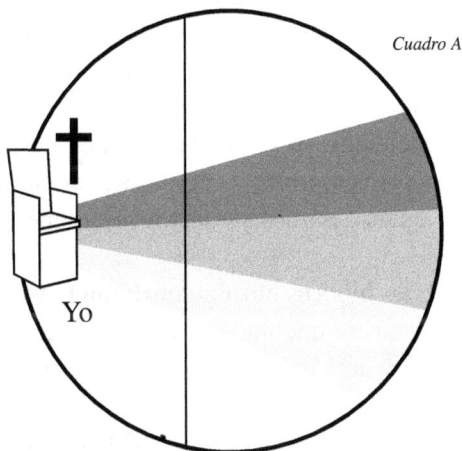

Cuadro de la vida cristiana

Cuadro A

Yo

Moral / Universal Voluntad de Dios

Voluntad individual de Dios para usted

Diez Mandamientos

1. Recibir la salvación
2. Andar en el Espíritu
3. Rendición total
4. Vivir una vida santa
5. Obediencia a la autoridad
6. Ser agradecido

solo potencialmente peligrosa sino también no sustentada en las Escrituras. Mientras desprestigian el punto de vista tradicional sobre cómo conocer la voluntad de Dios, ignoran o tuercen la Escritura para que calce con sus propósitos, ignorando el trabajo de Dios con cientos de figuras bíblicas que pasaron por alto enseñanzas importantes de la Escritura. Como veremos, el quehacer de Dios con los hombres y mujeres a través de la Biblia refleja una voluntad individual para ellos. Estas historias están incluidas para que nos sirvan como ejemplos, buenos o malos, dependiendo de la forma en que reaccionamos a la voluntad de Dios.

DIOS TIENE UNA VOLUNTAD ESPECÍFICA PARA USTED

Descubrir la voluntad específica de Dios para nuestras vidas siempre comienza con la obediencia a su voluntad conocida. Sabemos por la Biblia que la voluntad de Dios para nosotros es que le sirvamos, pero no sabemos dónde *específicamente* quiere que le sirvamos. Sabemos que su voluntad es que «prediquemos el evangelio a toda criatura» (Marcos 16:15b), pero no sabemos dónde *específicamente* quiere que prediquemos el evangelio. La Escritura nos dice que trabajemos, pero no especifica el lugar o la ocupación. Se nos prepara para casarnos y tener hijos, pero no sabemos específicamente con quién casarnos y cuántos hijos tener.

Personajes bíblicos que descubrieron la voluntad específica de Dios

Dios espera que nuestra búsqueda de su voluntad individual sea una experiencia de día en día de acercarnos a él en busca de dirección a través de su Palabra y el Espíritu Santo como lo ilustran las vidas de cientos de personajes bíblicos a quienes Dios usó. Aunque él estructuró un plan diferente para cada uno, tenía un plan específico para cada uno.

Por ejemplo, Adán y Eva fueron puestos en el Edén y se les dijo que fructificaran y multiplicaran la gente sobre la tierra. También les ordenó que cultivaran el huerto. Les explicó que podrían comer lo que quisieran menos el fruto del árbol del conocimiento del bien y del mal. Los primeros pasos en la voluntad de Dios para ellos fue tener hijos y cuidar del Jardín; luego él probó su obediencia, prueba que ellos no pasaron. ¡Pero fíjese cuán específica era la voluntad de Dios para ellos!

Después Dios habló a Noé, un hombre piadoso que había hallado gracia a los ojos del Señor pese a que vivía en una sociedad corrupta. Dios estableció para Noé un proyecto de ciento veinte años para que construyera una barca, seguido por un plan de reunir a todas las especies animales. Gracias a la obediencia de Noé, Dios lo usó para preservar la vida tanto animal como humana. Entonces, por más de un siglo, Noé cumplió diligentemente la voluntad de Dios para él y su familia.

Un repaso del Antiguo Testamento nos lleva a través de un laberinto de voluntades específicas de Dios para Abraham, Isaac, Jacob, sus hijos (Génesis 49), José, Moisés, Josué, cientos de profetas, sacerdotes, jueces, el rey Saúl, David el niño pastor (que llegó a ser rey), Salomón, muchos otros reyes, amas de casa, madres, hermanas, y millones de santos del Antiguo Testamento sin siquiera entrar aún en los dominios del Nuevo.

Note la naturaleza específica de su voluntad para algunos santos del Nuevo Testamento. Quizás el ejemplo más claro sea el apóstol Pablo. En varias ocasiones él se refiere al hecho de «llamado a ser apóstol de Jesucristo por la voluntad de Dios» (1 Corintios 1:1). Hay que admitir que a Pablo se le dio una asignación decididamente específica. Escribiendo a Timoteo sobre esta asignación, Pablo dijo de nuestro Señor: «Me tuvo por fiel, poniéndome en el ministerio» (1 Timoteo 1:12b). Para más evidencia de esta voluntad específica de Dios para Pablo y otros, piense en la elección de Pablo y Bernabé para el primer viaje misionero (Hechos 13:1-2) o el famoso «llamado» macedonio de Hechos 16:10. Dios ordenó a Pablo abrir Europa al evangelio y terminar sus días en Roma, de nuevo, un patrón específico, que el apóstol completó.

O tome el ejemplo del evangelista Felipe, quien en medio de una «cruzada evangelística», recibió instrucciones específicas de dejar todo e irse al desierto, donde se encontraría con un etíope a que conduciría a Cristo. Difícilmente se puede encontrar algo más específico que eso.

Otros que descubrieron la voluntad específica de Dios

No piense que Dios solo ha usado a las personas mencionadas en la Escritura. Estoy seguro que cuando lleguemos al cielo conoceremos «los Hechos» de muchos otros discípulos del primer siglo, como de los padres de la iglesia primitiva. Y después de ellos han venido millones de fieles siervos hasta nuestros días.

Dios tiene un plan para cada uno de sus hijos, uno diferente para cada vida. A algunas, él llama para que sean dueñas de casa y madres, a otros para ser zapateros remendones, quienes, como William Carey fueron emplazados a dejar su taller para abrir un país extranjero a las misiones modernas. Dios dirigió a Roger Sherman, el piadoso maestro de Escuela Dominical y diácono de Connecticut para que dejara su taller, entrara a la escuela de leyes, luego ingresara a la política, donde se distinguió como el único estadounidense que firmó los cuatro documentos que echaron las bases de los Estados Unidos y que fue factor importante en la redacción de la Constitución.

La vida de James Madison es otro ejemplo de la voluntad específica de Dios para una persona. Reconociendo su inteligencia y sensibilidad espiritual, los padres de Madison no se sorprendieron cuando les anunció que se sentía dirigido a estudiar para el ministerio. Para protegerlo de las herejías de la facultad en la universidad denominacional local, William y Mary lo mandaron a Princeton. Allí, Madison estudió bajo el gran predicador John Witherspoon, que trece años atrás había dejado su iglesia Presbiteriana en Escocia para ser presidente de una nueva universidad estadounidense. Witherspoon estampó su imagen de piedad y ley bíblica en nueve de los cincuenta y cinco padres fundadores que escribieron la Constitución de los Estados Unidos, incluyendo al joven James Madison, que se había vuelto al campo de las leyes y que probablemente tuvo más influencia que cualquier otro en el diseño de la Constitución. Madison también introdujo nuestra Acta de Derechos del Ciudadano y llegó a ser el cuarto presidente de la nación. ¿Coincidencia? Ni por un momento. El destino de los Estados Unidos habría sido decididamente diferente si Dios no hubiera dirigido a John Witherspoon, la autoridad legal de mayor influencia en las colonias en 1776. Este es uno de los cientos de relatos parecidos en la historia de los Estados Unidos. Millones de personas no reportadas fueron igualmente obedientes a Dios y encontraron Su voluntad perfecta para sus vidas individuales. La historia del cristianismo está llena de casos de hijos de Dios que han cumplido a través de todas sus vidas el plan específico de Dios para ellos, algunos por las sendas de la fama y la fortuna pero la mayoría en una vida rutinaria y poco conocida. Dios creó una voluntad específica para estos creyentes y su éxito terrenal a los ojos de Dios estuvo determinado por la fidelidad en cumplirla y obedecerla. Lo mismo ocurre con nosotros.

¿Qué pasa con nosotros?

Dios también nos llama a cumplir una función específica. Efesios nos dice que para construir y edificar su iglesia, el Señor constituyó «a unos, apóstoles; a otros, profetas; a otros, evangelistas; a otros, pastores y maestros» (Efesios 4:11). Obviamente, nuestro llamado varía: «Algunos al pastorado, otros a educación (tanto en los campos cristiano como secular), otros a ejercer la medicina, leyes, la política, construcción, administración y una multitud de otros llamados específicos». Como veremos, la clave para conocer la voluntad de Dios es descubrirla y cumplirla.

Cuando oímos historias de éxito, lo primero que se celebra es el resultado final. Raramente nos interesamos por saber sobre los tediosos entrenamientos, los desalientos, las esperas o los miles de decisiones que fue necesario hacer, muchas veces sobre las rodillas en angustiosa oración. Probablemente nunca oiremos de los disgustos, la pérdida de enfoque, la tendencia a ceder ante los ataques. Pero no dude que los santos victoriosos eran tan humanos como usted y como yo. Aunque imperfectos, registraron una obediencia implícita a Dios.

La clave para cumplir la voluntad de Dios para su vida, particularmente en este mundo confuso y perturbado en el que vivimos, envuelve fidelidad en conocer su Palabra, obedecer al Espíritu Santo y terminar las tareas del día. Como resultado, cuando Dios abra la siguiente puerta de su dirección, usted estará preparado para pasar a través de ella.

Y asegúrese también de esto: «Los santos victoriosos a los que usted admira fueron fieles en las cosas pequeñas lo suficiente como para acometer las grandes cosas para Dios». No he conocido a la persona que haya triunfado habiendo empezado en la cumbre. Eso desafiaría uno de los principios de nuestro Señor: La persona que «es fiel en lo poco, también es fiel en lo mucho» (Mateo 25:21b). La clave para experimentar los impresionantes y excitantes episodios en la voluntad de Dios es ser fiel en completar las muchas pequeñas tareas.

PASAJES BÍBLICOS ADICIONALES PARA ESTUDIAR

Como una forma de reafirmar el hecho de que la Palabra de Dios habla de una voluntad específica para su vida, estudie cuidadosamente los siguientes pasajes bíblicos:

Creados para buenas obras

«Porque somos hechura suya, creados en Cristo Jesús para buenas obras, las cuales Dios preparó de antemano para que anduviésemos en ellas» (Efesios 2:10).

El camino de Dios

«Entonces tus oídos oirán a tus espaldas palabra que diga: Este es el camino, andad por él; y no echéis a la mano derecha, ni tampoco torzáis a la mano iz quierda» (Isaías 30:21).

Dios le guiará a su camino

«Te haré entender, y te enseñaré el camino en que debes andar; sobre ti fijaré mis ojos» (Salmos 32:8).

Por su misericordia, él dirige y guía a sus hijos: «Porque el que tiene de ellos misericordia, los guiará, y los conducirá a manantiales de agua» (Isaías 49:10b).

Él guía a todos los que son humildes y obedientes (véase Salmos 25:9-10).

Dios nos enseña y guía sobre cómo andar: «Yo soy Jehová, Dios tuyo, que te enseña provechosamente, y que te encamina por el camino que debes seguir» (Isaías 48:17).

La obediencia es el más seguro y el único camino a la felicidad (véase Salmos 119:1-5).

TRES NIVELES DE
LA VOLUNTAD DE DIOS

Así que, hermanos, os ruego por las misericordias de Dios, que presentéis vuestros cuerpos en sacrificio vivo, santo, agradable a Dios que es vuestro culto racional. No os conforméis a este siglo, sino transformaos por medio de la renovación de vuestro entendimiento, para que comprobéis cual sea la buena *voluntad de Dios, agradable y perfecta*.
(Romanos 12:1-2, énfasis añadido).

La mayoría de los maestros bíblicos aceptan las tres palabras: «buena», «aceptable» y «perfecta» como modificantes de la voluntad de Dios. Por contraste, yo las veo como tres niveles de esa voluntad. Aunque es esencialmente cierto que Dios tiene una voluntad básica —su voluntad «perfecta» y completa— «buena» y «aceptable» describe la voluntad de Dios para el pueblo que cayó en pecado pero que se arrepintió y aún desea hacer la voluntad básica de Dios.

Un examen de las tres palabras mostrará que no quieren decir lo mismo sino que tienen un valor ascendente. Estos son algunos de los significados en el griego de estas tres palabras:

Bueno:	justo, valioso y beneficioso
Aceptable:	grato, agradable
Perfecto:	completo, maduro, terminado

Pablo usa la palabra «perfecto» en relación con nuestra necesidad de llegar a ser «un varón perfecto, a la medida de la estatura de la plenitud de Cristo» (Efesios 4:13). Es decir, él desea que todos los cristianos lleguen a ser espiritualmente maduros de modo que puedan completar la voluntad de Dios. Y, como usted sabe, él fue modelo en cumplir la voluntad y propósito de Dios para su vida. Su supremo deseo fue hacer la voluntad de Dios.

Hay cristianos que cumplen la voluntad buena de Dios; otros cumplen su voluntad aceptable; pero muy pocos cumplen el deseo supremo de Dios. Esto último requiere, que comencemos nuestra vida cristiana a caminar en obediencia consistente con él para completar su voluntad perfecta para nuestras vidas. Hacer la voluntad perfecta de Dios demandará toda una vida de obediencia fiel a él o, por lo menos, que esperemos estar en el centro de su voluntad para tomar una decisión importante.

LOS TRES NIVELES DE LA VOLUNTAD DE DIOS

Al estudiar el cuadro B, que representa el círculo de la vida, notará a la derecha los tres niveles de la voluntad específica de Dios para su vida. He tomado de mi amigo Bill Bright su famoso trono para designar su voluntad libre; es decir, lo que determina todo lo que usted hace.

Note primero que ni siquiera es posible entrar en la zona de la voluntad de Dios si Cristo (representado por la cruz) no está en control de su voluntad y mientras su yo (Yo) no sea puesto debajo del trono en la posición de siervo. Mientras usted le permita al Señor que tome las decisiones en su vida, siempre estará obedeciendo la voluntad universal de Dios; pero si deja que Cristo controle su vida, automáticamente estará completando la voluntad perfecta de Dios. Pero si usted decide mantener en sus propias manos el control de las decisiones que haga, ya Cristo no estará en control de su vida; por lo tanto, su yo estará en el trono influyendo las decisiones que haga. Si su yo cede a los apetitos de la carne y viola la ley moral de Dios, usted de inmediato estará dejando de hacer la voluntad individual tanto como la voluntad universal de Dios.

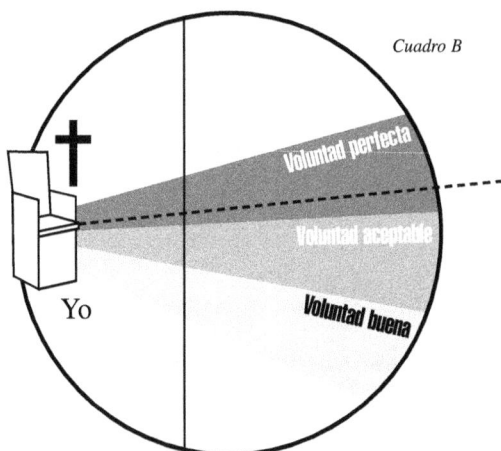

Cuadro de la vida cristiana

Cuadro B

Voluntad perfecta

Voluntad aceptable

Voluntad buena

Yo

Moral / Universal Voluntad de Dios	Voluntad individual de Dios para usted	Decisiones más importantes de la vida
Diez Mandamientos		Educación
1. Recibe salvación		Vocación
2. Anda en el Espíritu		Matrimonio
3. Rendición total		Trabajo
4. Vivir una vida santa		Casa
5. Obedece a la autoridad		Iglesia
6. Sé agradecido		Amigos
		Otros

Es de esperar que usted no permanezca mucho tiempo en esta condición de rebeldía, haciendo su propia voluntad porque de hacerlo se verá seriamente afectada su oportunidad de cumplir la voluntad perfecta de Dios para su vida. Mejor vamos a suponer que reconoce el error de su camino y regresa a Dios en arrepentimiento. Él lo perdona de forma inmediata y lo restaura a su estado anterior. Si usted no hizo ninguna decisión importante en su vida ni permaneció en ese estado demasiado tiempo, todavía podrá cumplir la voluntad perfecta de Dios, como lo refleja el Cuadro C, que muestra los pasos de desobediencia cristiana.

La desobediencia cristiana

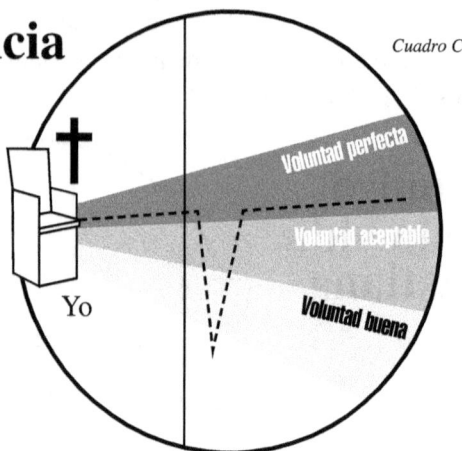

Cuadro C

Voluntad perfecta

Voluntad aceptable

Voluntad buena

Yo

Moral / Universal Voluntad de Dios	Voluntad individual de Dios para usted	Decisiones más importantes de la vida
Diez Mandamientos		Educación
1. Recibe salvación		Vocación
2. Anda en el Espíritu		Matrimonio
3. Rendición total		Trabajo
4. Vivir una vida santa		Casa
5. Obedece a la autoridad		Iglesia
6. Sé agradecido		Amigos
		Otros

Veamos ahora lo que le ocurrió a un joven cristiano que se rebeló, desobedeció al Señor y rehusó responder a la convicción del Espíritu Santo dentro de él y a las advertencias de sus amigos y familiares cercanos.

Durante mis últimos años de adolescente, poco después de haber dedicado mi vida al ministerio evangelístico (el que más tarde probó ser la voluntad perfecta de Dios para mi vida), fui testigo de una historia que jamás olvidaré. El joven más talentoso y guapo de nuestra iglesia, a quien llamaré Ken, también fue llamado al ministerio. Tres años mayor que yo, Ken empezó a salir con una joven de nuestra iglesia. En la medida que se hicieron amigos más íntimos, él empezó a cambiar. Iba a la iglesia de vez en cuando y dejó de participar en el grupo de jóvenes. Finalmente anunciaron un matrimonio precipitado debido a que la joven había quedado embarazada. Ken nunca volvió a ser el mismo. Se arrepintió, fue restaurado, se hizo policía y abandonó todo pensamiento en cuanto a entrar al ministerio. Espiritualmente empezó a ir cuesta abajo, transformándose en una persona amargada debido a que no pudo hacer la voluntad perfecta de Dios. Terminó suicidándose.

El cristiano rebelde

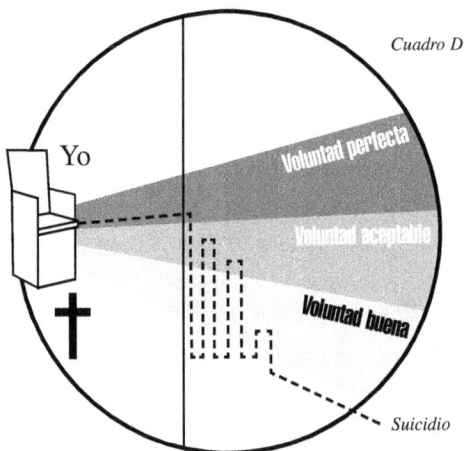

Cuadro D

Yo

Voluntad perfecta

Voluntad aceptable

Voluntad buena

Suicidio

Moral / Universal Voluntad de Dios	Voluntad individual de Dios para usted	Decisiones más importantes de la vida
Diez Mandamientos		Educación
1. Recibe salvación		Vocación
2. Anda en el Espíritu		Matrimonio
3. Rendición total		Trabajo
4. Vivir una vida santa		Casa
5. Obedece a la autoridad		Iglesia
6. Sé agradecido		Amigos
		Otros

La trágica historia de Ken es, en muchos sentidos, la misma de miles de cristianos que al decidir hacer su propia voluntad, violan las leyes morales de Dios y destruyen la posibilidad de hacer su voluntad perfecta. El triste final de Ken está descrito gráficamente en el Cuadro D, que muestra al cristiano rebelde.

¿Qué debió haber hecho Ken? Si hubiese sido aconsejado de manera adecuada, habría podido cumplir la voluntad aceptable de Dios.

Por supuesto que no podríamos asegurar que esa joven era la persona adecuada para él. Pero si no lo hubiese sido, habrían podido obtener el perdón de Dios y tratado de cumplir juntos la voluntad aceptable de Dios. Quizás Ken nunca se haya sentido en condiciones de aceptar un pastorado aun cuando eso hubiese sido una posibilidad de haber ido a un seminario y cambiar de lugar de residencia para servir a Dios. Sin embargo, la obligación de cuidar a una esposa y a un bebé le impidieron la oportunidad de estudiar. En consecuencia, perdió el llamado de Dios, es más, abortó la voluntad perfecta de Dios para su vida.

Pero aun cuando Ken no pudo cumplir el llamado original para el ministerio, de todos modos habría podido servir a Dios en una variedad de formas. Incluso en su trabajo como policía pudo haber desarrollado un tremendo ministerio. ¿Qué habría pasado si Ken hubiese complicado su vida con una muchacha no cristiana al punto de tener que casarse con ella? ¿Y que ella no hubiese querido aceptar a Cristo? En tal caso la vida para ella habría sido aún más difícil, quizás rechazando la idea que los niños se levantaran en la fe que para Ken valía mucho, o quizás haya optado por divorciarse, complicando más su vida. Si Ken se hubiera arrepentido sinceramente inclusive después de tan catastróficos errores y hubiese caminado con Dios el resto de su vida, lo mejor que habría podido hacer era la voluntad buena de Dios. No nos confundamos. La voluntad buena de Dios es una opción valiosa para un cristiano que se haya rebelado contra el Señor y haya hecho decisiones importantes durante ese tiempo de rebeldía. Aunque las consecuencias habrían impedido que tal persona cumpliera la voluntad perfecta de Dios, aún habría podido alcanzar los otros dos niveles de la voluntad de Dios.

Una historia triste con un final feliz

Vamos a considerar de nuevo la historia del capítulo 1 sobre Fran, la mujer casada con un hombre incrédulo y contumaz. Si recuerda, Fran se había casado con un inconverso, saliéndose así de la voluntad de Dios. Durante muchos años vivió un infierno en la tierra, que a menudo ocurre cuando un creyente se une en yugo desigual con un incrédulo (2 Corintios 6:14a).

Obviamente, Fran había perdido la voluntad perfecta de Dios para su vida. Pero en la gracia de Dios, su esposo finalmente llegó a aceptar a Cristo y, como resultado, Fran pudo cumplir la voluntad aceptable de Dios. Esto, sin embargo, fue echado a perder por la infidelidad de su marido después de treinta años de matrimonio. Cuando su esposo se divorció, ella se preguntó qué haría ahora. ¿Cuál sería la voluntad de Dios para ella en este punto de su vida? Fran recibió consejo de su pastor y de amigos que conocían las Escrituras. Le dijeron que no se volviera a casar sino que esperara en el Señor (Salmos 27:14). Aunque era difícil para Fran, obedeció el consejo escritural de su pastor y decidió esperar en Dios antes de dar cualquier paso. Y cumplió lo que se propuso. Este es el final de la historia:

Finalmente, mi esposo renunció a su vida desordenada, no se casó con la mujer por la que me dejó y renovó su compromiso con el Señor y con su familia. ¡Gloria a Dios! El año pasado nos volvimos a casar. Nuestros nietos estaban felices. La ceremonia la realizó nuestro yerno. Somos parte de una iglesia muy amorosa y perdonadora, que lo ha recibido de nuevo en el seno del gran cuerpo de Cristo.

Aunque nos sentimos conmovidos por el final de esta historia y la naturaleza amorosa de la congregación de Fran, no podemos ignorar los sufrimientos y angustias que tuvo que soportar durante años ni tampoco la vergüenza y reproches que el pecado de este hombre trajo a la causa de Cristo. Aunque la historia terminó bien, debemos recordar que Fran nunca cumplió la voluntad perfecta de Dios. Probablemente cumplirá la voluntad buena de Dios por el resto de su vida. Que quede claro: Si bien ella se aseguró una medida de felicidad al cumplir la voluntad buena de Dios, ese no era el plan perfecto del Maestro para su vida. El círculo de su vida aparece en el Cuadro E.

El cristiano que lucha

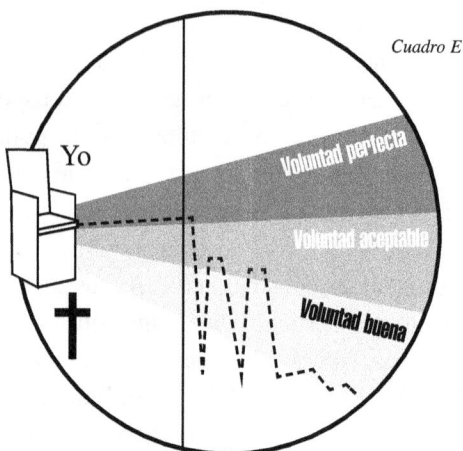

Cuadro E

Moral / Universal Voluntad de Dios	Voluntad individual de Dios para usted	Decisiones más importantes de la vida
Diez Mandamientos		Educación
1. Recibe salvación		Vocación
2. Anda en el Espíritu		Matrimonio
3. Rendición total		Trabajo
4. Vivir una vida santa		Casa
5. Obedece a la autoridad		Iglesia
6. Sé agradecido		Amigos
		Otros

SACRIFICIOS VIVOS

Básicamente, aunque no en forma exclusiva, las instrucciones de Pablo para probar la voluntad de Dios buena, aceptable y perfecta se relacionan con la vida vocacional. Matrimonio, estilo de vida y muchos otros elementos, sin embargo, se identifican también con la voluntad de Dios. Pablo lo desafía a presentar su cuerpo a Dios como un «sacrificio vivo». Tenemos que ser embajadores de Cristo, lo cual no significa que todos tienen que ser misioneros o pastores. Significa que la vocación primaria del cristiano es ser un embajador de Cristo, sea que la persona sea un guarda de cruces del ferrocarril o un piloto.

Sé de personas que pueden ser dentistas o médicos pero su vocación primaria involucra un servicio como embajador para Cristo.

Cuando presentaron en forma incondicional sus vidas a él, los guió a dedicar sus vidas a la medicina. Aquí en Washington, D.C. me he encontrado con congresistas, senadores y funcionarios del gobierno cuyo objetivo primario es hacer la voluntad perfecta de Dios. Su deseo secundario es la política. He conseguido gente que ha comprometido su vida entera al servicio de Cristo y están desempeñándose como abogados, arquitectos, hombres de negocio, constructores, madres y profesoras. La lista sería interminable.

Cada persona buscó cumplir la voluntad perfecta de Dios, y lo consiguió. Pero como veremos, cumplir la voluntad de Dios vocacionalmente también compromete muchas otras áreas: «Moral, matrimonio, nivel de vida, vida de iglesia, etc.»

Dos doctores que «fallaron»

Recuerdo haber orado por un simpático joven que estaba en premedicina. Estaba convencido que la voluntad de Dios para su vida era ser médico. Me pareció que tenía razón. Era un estudiante de buenos promedios que leía la Biblia diariamente y que hablaba de Cristo donde quiera que estuviera. No sentía haber sido llamado a servir como médico misionero pero con frecuencia me decía que cuando estableciera su consulta le gustaría sostener a una familia misionera. También soñaba con visitar regiones necesitadas del mundo en trabajo médico misionero de corta duración. Incluso estaba buscando a un colega cristiano para compartir la consulta, alguien que pudiera ministrar con él en fortalecer el testimonio de los misioneros.

Todo eso cambió, sin embargo, después que conoció a una enfermera tan atractiva como manipuladora mientras hacía su internado en un hospital local. Ella profesaba ser cristiana, pero era una persona muy carnal. Como muchos jóvenes casaderos, no pudo resistir a aquella mujer provocativa que había puesto sus ojos en él. A medida que su libido ascendía, su ardor espiritual menguaba. Ahora tienen un hogar cristiano y él es un profesional respetable y exitoso en la comunidad. Pero se ha olvidado de todos aquellos pensamientos de sostener misioneros o participar en programas de corta duración. Durante el tiempo que no estaba haciendo la voluntad perfecta de Dios moralmente se unió en «yugo desigual» con una cristiana carnal. En lugar de llevarla a su antiguo nivel de dedicación, ella lo llevó a su esfera de carnalidad.

Los he tratado por problemas en el matrimonio. A menos que vuelvan al Señor y redediquen sus vidas a la voluntad perfecta de Dios doy a ese matrimonio un cincuenta por ciento de probabilidad de que sobrepase los cinco años. Él ha empezado a rebelarse contra ella por la forma en que ha influenciado su vida y eso no es otra cosa que la mano escribiendo en la pared. El Cuadro F refleja su situación.

El cristiano rebelde

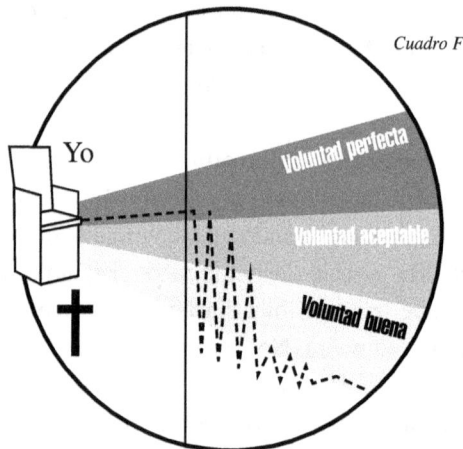

Cuadro F

Moral / Universal Voluntad de Dios	Voluntad individual de Dios para usted	Decisiones más importantes de la vida
Diez Mandamientos		Educación
1. Recibe salvación		Vocación
2. Anda en el Espíritu		Matrimonio
3. Rendición total		Trabajo
4. Vivir una vida santa		Casa
5. Obedece a la autoridad		Iglesia
6. Sé agradecido		Amigos
		Otros

Una historia aun más triste es la de un condiscípulo que tuve en la universidad cristiana donde estudié. Hacíamos deportes juntos y fuimos muy amigos hasta que se convenció que fue decisión de sus padres que llegara a ser un ministro del evangelio; él, en cambio, quería ser un médico rico y famoso. Contra los consejos y oraciones de varios amigos, dejó la escuela para ir a estudiar medicina. Para hacer la historia corta, rechazó la voluntad perfecta de Dios y optó por un camino descendente de desdicha e insatisfacciones. Se casó con una mujer que era hostil a Jesucristo. Llegó a ser rico, pero eso lo llevó al alcoholismo y a la muerte a los cuarenta y seis años de edad. Perdió todos los beneficios que tenía para su vida porque su propia voluntad se impuso a la voluntad de Dios. Su vida se describe en el Cuadro G.

El cristiano rebelde

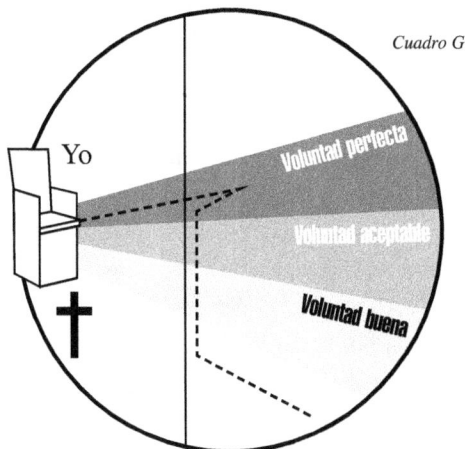

Cuadro G

Yo

Voluntad perfecta

Voluntad aceptable

Voluntad buena

Moral / Universal *Voluntad de Dios*	*Voluntad individual de Dios para usted*	*Decisiones más importantes de la vida*
Diez Mandamientos		Educación
1. Recibe salvación		Vocación
2. Anda en el Espíritu		Matrimonio
3. Rendición total		Trabajo
4. Vivir una vida santa		Casa
5. Obedece a la autoridad		Iglesia
6. Sé agradecido		Amigos
		Otros

LA VOLUNTAD PERFECTA DE DIOS Y LAS DECISIONES MÁS IMPORTANTES

Es siempre imperativo que cuando usted tome decisiones importantes como la mayoría de las decisiones moderadas de su vida, esté en la actitud de la voluntad perfecta de Dios (de completa rendición a él). Si toma una decisión menor fuera de la voluntad de Dios, bien puede tener como resultado efectos perjudiciales en el futuro aunque seguramente no va a ser una cosa demasiado grave. Obviamente, los efectos de una decisión son influenciados por la importancia de esta. Suponga, por ejemplo, que mientras está fuera de la voluntad de Dios, usted compra un automóvil que no está al alcance de sus posibilidades, se involucra en alguna entretenimiento inconveniente o se hace miembro de un grupo u organización que no le conviene. Todas estas decisiones pueden ser corregidas; así, usted puede sobrellevar una carga mayor de gastos por un tiempo, trabajando algunos meses o años pagando cuentas innecesarias, o verse enfrentado a pagar gastos importantes de traslado después de haber dejado un trabajo equivocado. Pero llegará el día cuando pueda regresar a la voluntad perfecta de Dios. Si no, entonces la opción de la voluntad aceptable de Dios estará abierta ante usted.

Por supuesto, la clave es el tiempo que usted pase fuera de la voluntad perfecta de Dios antes de arrepentirse y de nuevo permitir a Dios que haga las decisiones de su vida, particularmente las más importantes. Esta es la razón por la que él nos reta, diciéndonos: «Reconócelo en todos tus caminos, y él enderezará tus veredas» (Proverbios 3:6). El primer paso para conocer la voluntad individual de Dios es obedecer su voluntad revelada, la cual es su voluntad moral o universal.

RESPUESTAS PRÁCTICAS A PREGUNTAS APROPIADAS

Cada vez que presento esta teoría, surgen algunas preguntas interesantes. Para economizarle el costo de una estampilla de correo, voy a incluir algunas de ellas a continuación.

> ¿Es posible que yo cumpla la voluntad perfecta de Dios en mi vida si vengo al evangelio tarde en mi vida?

Evidentemente sí lo es. Pablo presentó ese reto a los creyentes romanos que antes de conocer a Cristo habían sido paganos. Con seguridad vivieron todas sus vidas fuera de la voluntad moral o universal de Dios. Creo que Dios no tiene una voluntad perfecta para nadie antes que la persona vaya por fe a Cristo. Después del momento de la salvación, Dios desarrolla esa voluntad perfecta, basada en la edad de la persona al momento de la salvación. Obviamente no sería la voluntad de Dios que un nuevo convertido en su lecho de muerte a los ochenta y cinco años fuera como misionero al África. Para un cristiano recién nacido de nuevo que se encuentre en la antesala de la silla eléctrica la voluntad de Dios sería limitada aunque perfecta. Criminales convictos, después de venir a la fe han tenido ministerios efectivos: Chuck Colson, participante del famoso Watergate, es un ejemplo. Algunos han sido más restringidos que otros dependiendo de las circunstancias, la edad, la educación (los nuevos creyentes analfabetos tendrán serias limitaciones) pero Dios también tiene una voluntad perfecta para ellos. Él es un Dios omnisapiente que ajusta su voluntad a nuestras circunstancias. Pero esta parece comenzar con la salvación.

Un principio bíblico da sustento a lo anterior: «A quien se haya dado mucho, mucho se le demandará» (Lucas 12:48). El Señor demanda más de un creyente que lleva cincuenta años sirviéndole que aquel que lleva cinco. Ambos pueden hacer la voluntad perfecta de Dios por lo que les queda de vida *si* andan en una relación inquebrantable con él y son obedientes en todo.

> Yo violé todas las leyes morales de Dios antes de alcanzar la salvación. ¿Puedo aún así, hacer la voluntad perfecta de Dios?

¡Absolutamente! El evangelio es «buenas nuevas» porque Dios no lleva registro de nada de lo que hicimos antes de la conversión. Ese es el misterio de la gracia de Dios. Su perdón es total. Sin embargo, su perfecta voluntad para usted dependerá de su edad y de las decisiones trascendentales que usted haya hecho hasta ese momento. Si, por ejemplo, usted es una madre de cuatro hijos pequeños y está casada con un inconverso, su perfecta voluntad comenzará donde usted está. Sin duda que eso incluirá que llegue a ser la madre más piadosa y dedicada que pueda ser. Si usted es un profesor, un hombre de negocios o un obrero, su voluntad perfecta puede estar directamente relacionada con su vocación actual. Si él le dirige lejos de esto, es posible que el proceso sea gradual, un paso a la vez. Recuerde: «Dios nunca nos lleva a hacer algo para lo cual no nos haya capacitado».

Si, por el otro lado, usted es un vendedor de drogas, una prostituta o un distribuidor de material pornográfico, es casi seguro que el cambio de vocación será inmediato. Ese tipo de actividad está claramente fuera de la voluntad moral de Dios para su vida.

Nuestros queridos amigos Jim y Lenora Woodall, misioneros de los refugiados nicaragüenses que viven en Costa Rica vivían hasta su conversión en el polo opuesto de la voluntad revelada de Dios. Aunque Dios protegió a Jim mientras fue soldado en Vietnam, no fue sino hasta que él y Lenora se casaron que puso su fe en Cristo cuando ya ambos tenían más de treinta años de edad. Inmediatamente empezaron a estudiar la Palabra de Dios y aplicarla a sus vidas. Después de siete años de crecimiento espiritual se sintieron dirigidos por Dios para trabajar con los refugiados en Costa Rica. Si pudiera ver su trabajo y la forma en que Dios los ha bendecido, estará de acuerdo conmigo que hasta este punto, están haciendo la voluntad perfecta de Dios para sus vidas.

Pero mientras escribía estas palabras de regreso a casa después de haber pasado una semana en Costa Rica entregando ropa y ayuda humanitaria a miles de refugiados, muchos de los cuales habían salido del país debido al régimen comunista, recordé que los misioneros no son los únicos que pueden tener esa experiencia. Mientras permanecía en Miami, pasando a la computadora el primer borrador de este capítulo, fui interrumpido por un exitoso hombre de negocios y amigo mío de San Diego. He conocido a este hombre y a su esposa por años. Ellos también han venido disfrutando de la voluntad perfecta de Dios, aplicando los principios de Dios en sus negocios y en sus vidas personales.

> Si Dios perdona plenamente a los cristianos que repudian su voluntad, ¿por qué tienen que buscar la voluntad buena o aceptable de Dios después de haberse arrepentido?

Esto ocurrirá solo si han hecho decisiones trascendentales durante el periodo que han vivido en carnalidad y rebelión. Piense en un cristiano arrepentido con un pasado que incluya uso de drogas y la subsecuente pérdida de un brazo en un accidente mientras usaba drogas. Dios lo perdonará y dará la bienvenida al hijo pródigo que vuelve a la familia de la fe, pero no va a restaurar su brazo. Si el hombre fue un atleta, un escritor, un constructor o un arquitecto, verá que no es posible que vuelva a la voluntad perfecta de Dios. Perdón, sí, pero de ahí en adelante él deberá aspirar a la voluntad buena o aceptable de Dios. Además, si el pecado de un líder cristiano ha arruinado su testimonio, es probable que tome tiempo para que esa persona regrese a la voluntad de Dios. El perdón es instantáneo. La restauración al servicio por lo general toma tiempo y a veces el servicio de una persona nunca podrá ser restaurado.

> ¿Es posible que otros hagan que yo pierda la voluntad perfecta de Dios?

¡Lamentablemente es posible! Me siento inclinado a pensar particularmente en una persona casada. Su cónyuge puede resistir el llamado de Dios en su vida. Por lo general, sin embargo, Dios cambiará la actitud de tal persona a tiempo para que se conforme a su voluntad.

Por el otro lado, conozco dos grandes maestros de Biblia cuyas esposas los adversaban en cada fase de su ocupación espiritual. Una de ellas incluso se paraba en la primera fila en una conferencia bíblica y humillaba a su esposo; mientras estaba bajo la influencia del alcohol, le decía «hipócrita» y «farsante». En el otro caso, la esposa no le ayudó a criar a los hijos en la fe cristiana; como resultado, ninguno siguió los principios cristianos. Es difícil juzgar si estas esposas influyeron para que sus esposos no cumplieran en una forma mejor la voluntad aceptable de Dios. Corresponde a Dios revelarlo en el juicio.

> ¿Será posible dejar de cumplir toda la voluntad de Dios si una persona se arrepiente en su lecho de muerte?

Por supuesto, esto lo sabe solo Dios; sin embargo, la Biblia enseña que hay un pecado de muerte que, si alguien lo comete, puede perder su vida prematuramente (1 Juan 5:16). En consecuencia, la persona alcanzará el cielo pero habrá perdido todos los galardones que debería recibir allá. Parte de la voluntad de Dios para cada cristiano es que «hagamos tesoros en el cielo» (Mateo 6:20a). No podremos hacer eso a menos que nos sometamos a la voluntad de Dios.

RESUMEN

Dios tiene una voluntad perfecta para la vida de cada creyente hasta que pecamos o dejamos de hacer su voluntad hasta perderla. Cuando tal cosa ocurre, Dios quiere que nos arrepintamos y busquemos hacer su voluntad aceptable. Si persistimos en nuestro pecado y rebelión por demasiado tiempo es posible que compliquemos nuestra vida a tal punto que tengamos que aspirar a la voluntad buena de Dios.

Para evitar este problema, llene su mente diariamente con la Palabra de Dios, ande en el Espíritu y busque su dirección en cada decisión importante. Pero si «falla», reconozca que está viviendo fuera de su voluntad, deje de hacer lo que está haciendo, caiga sobre sus rodillas inmediatamente y reconsagre su vida a la voluntad perfecta de Dios. Empiece de nuevo a someter todas sus decisiones a él, su Palabra y su Espíritu (más sobre este proceso de restauración en el capítulo 13).

La mejor manera de evitar perder la voluntad perfecta de Dios es no tomar nunca una decisión importante mientras está desobedeciendo su ley moral o universal. Tenemos que reconocer que esto no es fácil hacer en una vida cristiana de muchos años. Por eso Pablo nos reta a andar en el Espíritu y no en la carne. La segunda mejor forma para evitar dejar de hacer la voluntad perfecta de Dios es estar en contacto permanente con Dios. Leer la Biblia y orar debe ser tan frecuente como comer alimento físico o hacer ejercicio. Esto permite a su Espíritu revelarnos cualquier error o falta que hayamos podido cometer antes que provoque un daño mayor. Mientras más camina el cristiano en su propio camino haciendo su propia voluntad, más fácil será tomar decisiones que causarán daño permanente en su vida.

LA BIBLIA: EL MAPA
DE SU VIDA

Hemos explorado las decisiones que hacemos en nuestras vidas, y también examinamos lo que ya sabemos sobre la voluntad de Dios. Ahora iremos un poco más adelante para aprender algunos pasos que nos permitan descubrir la voluntad de Dios para nuestras vidas como individuos.

NECESITAMOS DIRECCIÓN

Nadie intentaría conducir un automóvil por las carreteras del país sin la ayuda de un mapa de carreteras. Sin embargo, muchas personas recorren el camino de la vida con apenas ciertas indicaciones que observaron en sus padres u otros modelos. ¡No es de extrañar que se pierdan tantas veces en la cantidad de desvíos que hay!

Dios nos ha dado un mapa de sesenta y seis libros que nos proveen no solo indicaciones y principios que nos permitirán hacer decisiones correctas en la vida sino también ejemplos de personas que vivieron en este mundo, algunos de los cuales siguieron las indicaciones y tuvieron éxito, en tanto que otros las rechazaron y fracasaron. La Biblia es «lámpara a nuestros pies y una luz en nuestro camino» (Salmos 119:105). En una noche oscura, sin embargo, la mejor linterna del mundo no servirá de nada si usted no la puede encontrar o no sabe cómo usarla. Dios nos ha dado las Escrituras para ayudarnos a hacer miles de decisiones mientras viajamos por esta vida más y más complicada. Desafortunadamente, muchos cristianos parecen ignorar la relevancia de la Biblia por cuya razón basan la mayor parte de sus decisiones en pensamientos humanos. No se dan cuenta de que conocer la Palabra de Dios es uno de los requisitos más importantes para saber su voluntad. Dios es un Dios de principios y los ha escrito en su Palabra. Mientras mejor conocemos estos principios más fácil será tomar decisiones correctas en la vida.

DOS CLASES DE SABIDURÍA

Hoy día prevalecen dos tipos: «la sabiduría de Dios» (1 Corintios 1:18-30) y «la sabiduría de este siglo» (humanismo secular). A la de este siglo se le conoce también como «la sabiduría del mundo», «la sabiduría de los sabios» o «sabiduría humana». En realidad, la sabiduría de este siglo es sencillamente impresionante. Nuestras mentes se ven inundadas con su educación secular desde el kindergarten hasta la universidad. Domina los medios de comunicación y determina la mayoría de las políticas públicas.

Tristemente, muchos cristianos parecen conocer mejor la sabiduría humana que la de Dios. Esto puede ser el resultado de la falta de oír, leer, estudiar y memorizar la Palabra de Dios. Algunos cristianos, por supuesto, son mentalmente tan perezosos como para pasar tiempo llenándose con la Palabra de Dios para que cuando tengan que hacer decisiones, puedan ser guiados por la sabiduría divina en lugar de la filosofía del mundo.

Dichoso es el cristiano que entiende que la sabiduría humana es limitada, no escritural y errada. Puede parecer muy atractiva, pero si tenemos que hacer una decisión importante y nos decimos: «Esto me parece bien» nos equivocaremos cada vez que lo hagamos, al menos en cuanto a conocer la voluntad de Dios para nuestras vidas.[2]

Escriba esto en el lóbulo frontal de su cerebro: «Por naturaleza nosotros no ponemos atención a los pensamientos de Dios». Pablo advirtió a la gente de su día, diciendo: «El hombre natural no percibe las cosas que son del Espíritu de Dios... y no las puede entender, porque se han de discernir espiritualmente» (1 Corintios 2:14).

Cuando usted llegó a ser cristiano, no quedó libre de su vieja naturaleza pecadora. En lugar de eso, Dios añadió a su naturaleza un lado espiritual que debe alumbrarle y dirigirlo si desea hacer juicios correctos. Pero, sin embargo una naturaleza espiritual inmadura no puede ser guía suficiente. Debe estar saturada con la Palabra de Dios, la que su nueva naturaleza interior recibirá como un mensaje de él. De aquí en adelante, las decisiones que se hagan a cualquier nivel llegarán a ser una práctica de por vida en cuanto a descubrir la voluntad de Dios según su Palabra y la obediencia a ella.

Todos queremos ser felices

Dios está interesado en su felicidad. Él no lo salvó para que usted fuera una persona desdichada para el resto de su vida. Repetidamente, la Biblia empieza sus promesas con: «Feliz es el hombre...» o «Bienaventurado es el hombre...» Lea los Salmos y los Proverbios y subraye las referencias a «feliz» o «bienaventurado» como las antiguas versiones traducen la palabra.

La felicidad no debe confundirse con alguna experiencia exótica o sexual. Muchas experiencias *sensuales* pueden producir una sensación de felicidad por un corto tiempo. Esta no es la clase de felicidad en la que Dios está interesado. Él desea que usted sea feliz al máximo y por largo tiempo, una felicidad que se exprese como un profundo sentido de bienestar.

¿Pero cómo se obtiene la felicidad? Obedeciendo a la Palabra de Dios. El salmista dijo: «Bienaventurados los perfectos de camino, los que andan en la ley de Jehová. Bienaventurados los que guardan sus testimonios, y con todo el corazón le buscan» (Salmos 119:1-2). Y nuestro propio Señor dijo: «Bienaventurados los que oyen la palabra de Dios, y la guardan» (Lucas 11:28). Como consejero cristiano, hace mucho tiempo que aprendí por qué la gente es infeliz. Inclusive antes de oír sus historias, ya sabía que estaban desobedeciendo uno o más de los principios de Dios. Mi responsabilidad ha sido ayudarles a descubrir qué principios estaban violando y cómo podían cambiar su conducta para cumplir la voluntad de Dios. Los que se niegan a obedecer su Palabra no hacen otra cosa que prolongar su infelicidad.

Dos clases de caminos

A medida que avanzamos en el camino de la vida, podemos escoger entre dos senderos: «El de la sabiduría de este mundo y el de la sabiduría de Dios». El primero nos lleva a través de desiertos, tierras inhóspitas y de montañas erizadas de perplejidad y frustración. El camino de la sabiduría de Dios, por su parte, nos lleva a través del *oasis* del entendimiento y el valle del gozo, conduciéndonos confiadamente a la satisfacción en esta vida y las bendiciones de la eternidad, la cual Cristo ha preparado para nosotros en el cielo. Aunque finalmente todos los cristianos podrán entrar al cielo, muchos habrán vivido vidas fútiles y tristes debido a que no supieron o no quisieron seguir los principios bíblicos diariamente y dieron muy poco valor a la Biblia cuando tomaron decisiones importantes.

Debemos saber que el camino de la sabiduría de este mundo va a tratar de atraernos a través de los periódicos, las revistas, la educación pública y los noticieros de la televisión. A menos que nos propongamos llenar nuestras mentes con la sabiduría de Dios, nos vamos a encontrar yendo por el camino descendente de la sabiduría de este mundo. Necesitamos estar recordando constantemente que debido a la naturaleza humana nuestros caminos no son los caminos de Dios y que «hay camino que al hombre le parece derecho, pero su fin es caminos de muerte» (Proverbios 14:12). O, en palabras del Dr. Francis Schaeffer: «Todos los caminos que parten del humanismo (la sabiduría humana) conducen al caos».

LA BIBLIA: MAPA DE CAMINOS DE DIOS

Para encontrar nuestra propia ruta en el camino de la sabiduría de Dios necesitamos un mapa. Ese, por supuesto, es la Biblia; las instrucciones inerrantes de Dios para conocer su voluntad. Por lo tanto, si quiere seriamente conocerla, tiene que ser igualmente serio en cuanto a conocer su mente tal como nos es revelada en las Sagradas Escrituras. Lea la Biblia diariamente, sumergiéndose en su sabiduría.

¿Recuerda la historia del capítulo 1 sobre Alison, la joven soltera que quedó embarazada y que estuvo a punto de practicarse un aborto? Cuando al fin decidió buscar dirección en la Palabra de Dios, encontró su voluntad. Se dio cuenta que estaba atrapada en una espiral de pecado y finalmente decidió cancelar la cita que tenía para practicarse el aborto. Después que decidió no hacer eso, siguió encontrando fortaleza en las promesas de Dios de Salmos 37, especialmente los versículos 3-5 y 23. Se aferró a tales promesas durante los días difíciles que tuvo que vivir como consecuencia de su adulterio. El mapa de la ruta de Dios la sacó del camino de la sabiduría del mundo y la volvió al de la sabiduría de Dios.

A un destacado ingeniero de alta tecnología le ofrecieron un importante aumento de sueldo si se iba a trabajar con una empresa competidora. Se dio cuenta que lo que buscaban no era su capacidad profesional sino la información interna que había logrado como empleado de confianza. La sabiduría de este mundo califica tal actividad como «fuga de cerebros». Pero el ingeniero no estaba interesado en dejarse llevar por la sabiduría de este mundo; así es que consultó el mapa de caminos de Dios, la Biblia. Allí descubrió que aceptar aquella oferta le pondría en el camino de la deshonestidad y en consecuencia, lo haría violar el octavo mandamiento. «No robarás» (Éxodo 20:15). Como resultado de su consulta del mapa, rechazó la oferta. El principio de honestidad guió su decisión y después de un tiempo descubrió que había actuado correctamente.

En la búsqueda de conocer la voluntad de Dios, nada es más crucial que el mapa de su Palabra. Si no lo quiere consultar, se expone a salirse del camino de su sabiduría. Si, en cambio, lo consulta y lo sigue seguirá hacia delante con seguridad y gozo por el camino de su voluntad.

Evite el sistema de lectura al azar. Cuando intentan conocer la voluntad de Dios, algunos cristianos tratan de sustituir la lectura diaria de la Escritura con lo que llamo «el sistema de lectura al azar». Respetan suficiente la Palabra como para leerla cuando quieren conocer la voluntad divina, pero la abren donde sea y esperan que Dios les dé revelaciones específicas para las decisiones más importantes de sus vidas. Por lo general, tal práctica conduce a una irremediable confusión.

Un cuento humorístico ilustra esto. Un comerciante, usando el sistema de lectura al azar para conocer la voluntad de Dios, abrió la

Biblia y con los ojos cerrados puso su dedo en un lugar cualquiera, apuntando la palabra *trigo*. Eso lo inspiró a comprarse una finca y sembrarla de trigo, lo cual resultó ser una exitosa aventura. La próxima vez que usó ese método, su dedo cayó sobre la palabra *petróleo*. Entonces se fue a Texas, compró tierras y empezó a extraer petróleo. Al principio, le fue económicamente muy bien. Pero cuando el precio del petróleo se vino abajo, de nuevo fue a la Biblia buscando dirección. Esta vez su dedo cayó sobre las palabras «Capítulo 11».[3] Obviamente esa fue la última vez que acudió a la Biblia.

Si ese hombre hubiese leído regularmente el mapa de Dios llenando su mente con los divinos pensamientos y principios fundamentales, habría podido usar las señales de camino que analizaremos en el próximo capítulo para hacer decisiones sabias. Pero usar la Escritura en la forma peligrosa en que lo hizo, lo llevó a la ruina.

Conozca la Palabra y obedézcala

Cuando Dios escogió a Josué para que fuera el líder del pueblo de Israel, le dio la clave clásica para el éxito, una que ha servido como modelo para miles de cristianos:

> Nunca se apartará de tu boca este libro de la ley sino que de día y de noche meditarás en él, para que guardes y hagas conforme a todo lo que en él está escrito; porque entonces harás prosperar tu camino, y todo te saldrá bien. Mira que te mando que te esfuerces y seas valiente; no temas ni desmayes, porque Jehová tu Dios estará contigo en dondequiera que vayas (Josué 1:8-9).

Como ya hemos notado, la clave del éxito es *conocer* y *obedecer* la Palabra de Dios. Naturalmente, acción (es decir, hacer su voluntad) debe estar precedido de conocimiento (descubrir su voluntad).

DESCUBRA LA SABIDURÍA DE DIOS

Los siguientes versículos describen la importancia de aprender la sabiduría de Dios para la toma de decisiones:

Yo, la sabiduría, habito con la cordura, y hallo la ciencia de los consejos. El temor de Jehová es aborrecer el mal; la soberbia, la arrogancia, el mal camino, y la boca perversa aborrezco. Conmigo está el consejo y el buen juicio; yo soy la inteligencia; mío es el poder. Por mí reinan los reyes, y los príncipes determinan justicia. Por mí dominan los príncipes, y todos los gobernadores juzgan la tierra. Yo amo a los que me aman, y me hallan los que temprano me buscan. Las riquezas y la honra están conmigo; riquezas duraderas, y justicia.

Mejor es mi fruto que el oro y que el oro refinado; y mi rédito mejor que la plata escogida. Por vereda de justicia guiaré, por en medio de sendas de juicio, para hacer que los que me aman tengan su heredad, y que yo llene sus tesoros. Ahora, pues, hijos oídme, y bienaventurados los que guardan mis caminos. Atended el consejo, y sed sabios, y no lo menospreciéis. Bienaventurado el hombre que me escucha, velando a mis puertas cada día, aguardando a los postes de mis puertas. Porque el que me halle, hallará la vida, y alcanzará el favor de Jehová (Proverbios 8:12-21, 32-35).

En este antiguo libro lleno de la sabiduría de Dios Salomón, el hombre más sabio que ha vivido jamás, compartió la sabiduría que Dios le dio directamente así como la que había aprendido de su padre, David. Ambos, Salomón y David, nos dejaron más de los principios de Dios para vivir que cualquier otro escritor del Antiguo Testamento.

Porque yo también fui hijo de mi padre, Delicado y único delante de mi madre. Y él me enseñaba y me decía: Retenga tu corazón mis razones, guarda mis mandamientos, y vivirás. Adquiere sabiduría, adquiere inteligencia; no te olvides ni te apartes de las razones de mi boca; No la dejes, y ella te guardará; ámala, y te conservará. Sabiduría ante todo; adquiere sabiduría; y sobre todas tus posesiones adquiere inteligencia.

Engrandécela, y ella te engrandecerá; Ella te honrará, cuando tú la hayas abrazado. Adorno de gracia dará a tu cabeza; corona de hermosura te entregará. Oye, hijo mío, y recibe mis razones, y se te multiplicarán años de vida. Por el camino de la sabiduría te he encaminado, y por veredas derechas te he hecho andar.

Cuando anduvieres, no se estrecharán tus pasos, y si corrieres, no tropezarás. Retén el consejo, no lo dejes; guárdalo, porque eso es tu vida. (Proverbios 4:3-13)

Para aprender la sabiduría de Dios no hay camino fácil. Es una tarea laboriosa, dolorosa y que demanda esfuerzo. Pero si quiere llegar a ser un cristiano sabio que tome las decisiones correctas en su vida, tendrá que dedicar parte de su tiempo cada día a leer y estudiar la Biblia. Job, un hombre de Dios que tuvo que enfrentar muchas situaciones difíciles, dijo: «Guardé las palabras de su boca más que mi comida» (Job 23:12b). El estudio de la Palabra de Dios es una cuestión de hábito. Lea la Biblia cada día durante dos meses y desarrollará el apetito de Job por la Palabra de Dios.

Pablo reprendió a la iglesia de Corinto porque desde su conversión no pasaron el tiempo necesario alimentándose con la Palabra. En consecuencia, se habían quedado como cristianos bebés.

De manera que yo, hermanos, no pude hablaros como a espirituales, sino como a carnales, como a niños en Cristo. Os di a beber leche, y no vianda, porque aun no erais capaces, ni sois capaces todavía. Porque aun sois carnales; pues habiendo entre vosotros celos, contiendas y disensiones, ¿no sois carnales, y andáis como hombres? (1 Corintios 3:1-3)

¿Cuál es la literatura sapiencial?

Aunque «toda la Escritura es inspirada por Dios, y útil» (2 Timoteo 3:16a) usted va a ver que algunos pasajes son más importantes que otros para hacer decisiones. Los libros históricos, de Génesis a

Ester, tienen mucha sabiduría a través de sus páginas, pero la mayoría del texto cubre la historia de la interacción de Dios con los patriarcas e Israel.

La literatura sapiencial del Antiguo Testamento se encuentra en los Salmos, Proverbios, Job, Eclesiastés y el Cantar de los Cantares. Dado que somos cristianos neotestamentarios, es posible encontrar mucho más ayuda en ciertos pasajes del Nuevo Testamento, particularmente en los libros de Santiago, 1 Juan, 1 y 2 Pedro, Efesios, Gálatas y Colosenses. Agregue a eso Juan 14—17 y Mateo 5—7 y habrá identificado un cuerpo efectivo de sabiduría de Dios sin haber tenido que buscar por toda la Biblia antes de hacer decisiones importantes.

CINCO FORMAS DE APRENDER LAS ESCRITURAS SAPIENCIALES

Acceder a la sabiduría de Dios no es difícil ahora que hemos reducido la tarea desde sesenta y seis a trece libros además de siete capítulos específicos de los evangelios. Incorpore en modo consistente estos pasajes a su vida diaria, así como come tres comidas diarias. Una comida espiritual de veinte a treinta minutos cada día por un tiempo le proveerá de un entendimiento sólido de la sabiduría de Dios. Las siguientes maneras están cubiertas en detalle en mi libro *How to Study the Bible for Yourself*.[4] En él proporciono cuadros y una guía para que en tres años adquiera un conocimiento de toda la Palabra de Dios. Al fin del primer año, sin embargo, ya debería tener suficiente sabiduría de Dios implantada en su mente como para estar capacitado para hacer decisiones sabias.

Los Navegantes, un ministerio paraeclesiástico, ha ayudado probablemente a más personas a estudiar la Palabra de Dios que cualquier otro programa que conozco. Su fundador, el fallecido Dawson Trotman, hizo famosos los cinco métodos para estudiar la Palabra de Dios. Estos métodos los he usado durante años y enseñado a muchos hombres y mujeres en pequeños grupos de discipulado. El uso regular que usted haga de estas técnicas enriquecerá espiritualmente su vida y hará mucho más fácil conocer la voluntad de Dios.

Oír la Palabra: «Bienaventurados los que oyen la palabra de Dios, y la guardan» (Lucas 11:28). De todos los métodos de enseñanza de la sabiduría de Dios, uno de los más usados es el «oír». Es quizás la forma a través de la cual usted supo que necesitaba recibir al Señor. Ahora que es miembro de su familia divina, agregue a su «oír» lo siguiente:

Leer la Palabra: «Bienaventurado el que lee, y los que oyen las palabras de esta profecía, y guardan las cosas en ella escritas» (Apocalipsis 1:3a). La lectura es la base de todo aprendizaje. Haga un hábito de su vida leer diariamente la Palabra de Dios.

Estudiar la Palabra: «Procura con diligencia presentarte a Dios aprobado como obrero... que usa bien la palabra de verdad» (2 Timoteo 2:15). La diferencia entre un cristiano fuerte efectivo y una persona débil que anda a tropezones por el camino de la vida es por lo general la profundidad con que la persona estudia realmente la Palabra. Es posible aprender casi cualquiera cosa si se estudia regularmente. Esto es casi siempre cierto en el caso de la Palabra de Dios.

Memorizar la Palabra: «En mi corazón he guardado tus dichos, para no pecar contra ti» (Salmos 119:11). Para alguien que quiere repasar coherentemente los versículos, no es difícil memorizar uno por semana. Nada acelerará más el proceso de aprendizaje y ayudará mejor a proteger su vida de errores de juicio innecesarios que memorizar la Palabra de Dios.

Meditar en la Palabra: «Bienaventurado el varón que... en la ley de Jehová medita de día y de noche» (Salmos 1:1-2). La meditación es un arte que se ha perdido hoy por hoy. ¡Meditar es *pensar*! Los que piensan en los conceptos que han oído, leído, estudiado y memorizado podrán aplicar la sabiduría de Dios a las decisiones que deban tomar en la vida.

RESUMEN

Dios siempre guía a sus hijos dentro de los términos de los principios de su Palabra. Y como ya hemos notado, una de las primeras características es la consistencia; en consecuencia, él nunca nos llevará a violar su Palabra. Por ejemplo, ¿nos induciría él a robar, a matar o a cometer adulterio? ¡Jamás! Hacerlo sería ir en contra de su carácter.

Aún así, muchos cristianos toman importantes decisiones durante el tiempo en que sus corazones engañosos los presionan para que ignoren los principios de Dios y sigan las sugerencias de sus corazones (o, en algunos casos, las de sus glándulas). Créalo o no, una joven me pidió que orara para saber si se podía casar con un muchacho inconverso. Se sorprendió cuando me rehusé. Cuando me preguntó por qué no quería orar, le dije: «Porque la Biblia le prohíbe casarse con un incrédulo». Inmediatamente la guié a la lectura en voz alta de 1 Corintios 6:15-20 y 2 Corintios 6:14-18. Esto le permitió ver con bastante claridad los principios clave de Dios.

Aquella situación fue bastante simple. Pero ¿qué podemos decir de la historia de Becky en el capítulo 1, la muchacha embarazada que con sus padres quería saber si debía seguir adelante y contraer matrimonio con el muchacho que la había dejado encinta aunque no era cristiano? ¿Cuál es la voluntad de Dios en su situación? Su Palabra dice que ella no debe «unirse en yugo desigual» con un incrédulo. Ella encontró la voluntad de Dios en su Palabra. Esta es una situación que casi todos los pastores tienen que enfrentar varias veces en su ministerio, particularmente durante esta era tan permisiva de la historia. Tener sexo con alguien no quiere decir que haya matrimonio, y ni siquiera el embarazo cambia el hecho de que Dios quiere que los cristianos se casen solo con cristianos. Becky necesitaba ayuda urgente para lidiar con su problema y volver a vivir dentro de la voluntad de Dios. Tomar otra decisión contraria a la Escritura (como casarse con el padre inconverso de su hijo por nacer) no habría corregido su desafortunada decisión sexual.

En el caso de Becky, encontramos a una pareja cristiana que quería desesperadamente adoptar un niño. Con la ayuda de un abogado cristiano elaboramos un plan para que ella pudiera tener la seguridad que su bebé se criaría en un hogar cristiano. Los padres adoptivos pagaron todos los gastos y Becky pudo unir los pedazos de su vida sin el joven inconverso cuyos valores morales eran obviamente un estorbo para ella. Debido al involucramiento emocional de Becky con ese joven, fue necesario que yo la confrontara con pasajes tales como 1 Corintios 15:33 para convencerla que él había sido la persona equivocada en un tiempo errado de su vida.

OCHO SEÑALES PARA CUANDO HAYA QUE TOMAR DECISIONES

Dios no solo nos da un mapa de ruta claro para que podamos llegar a su voluntad sino que también nos da señales que, además, nos guían y nos confirman su dirección en nuestras vidas. ¿Ha pensado alguna vez lo que sería hacer un viaje a través del país sin señales en el camino? «Límite de velocidad: 90 kilómetros por hora», «Los Ángeles, 38 km», «Camino dividido adelante», «Ceda», «Camino en construcción siguientes 35 km», «Cuidado: Animales en la vía», «Una dirección». Estas y muchas otras señales nos dan información más específica que la que proveen nuestros mapas. Sin ellas, andaríamos a ciegas, sin tener la seguridad de la dirección que debemos seguir. Las señales en el camino nos ayudan a asegurarnos que estamos en la dirección correcta o nos advierten cuando tomamos una ruta equivocada. Nos alertan sobre peligros o situaciones adelante para las cuales tenemos que estar especialmente en guardia.

Si obedecemos estas señales llegaremos al lugar correcto: «La voluntad de Dios». Si las ignoramos y seguimos nuestro propio criterio o sabiduría humana terminaremos en un caos. Siguiendo estas señales, podemos estar seguros de tomar las decisiones correctas en los puntos clave de nuestras vidas, lo cual nos ayudará a encontrar la voluntad de Dios a la vez que reducirá las confusiones de la vida.

Dios nos dio ocho señales básicas que apuntan hacia su voluntad.

Una respuesta positiva a cada una de ellas nos asegurará una jornada segura en el camino de la sabiduría de Dios.

SEÑAL 1: RENDICIÓN

La primera señal que lo dirige a la voluntad de Dios es su capacidad de rendirse a su Palabra. Usted debe determinar de antemano que va a obedecer la voluntad de Dios inclusive antes de saber cuál es. Ya hemos visto que Dios tiene un propósito o voluntad para su vida. Pero cuando la descubra, la cumplirá aunque al comienzo no la encuentre muy atractiva. En su oración modelo para los cristianos, nuestro Señor nos enseñó a orar: «Venga tu reino, hágase tu voluntad, como en el cielo, así también en la tierra» (Mateo 6:10). Este sigue siendo el modelo para los cristianos: «Hacer la voluntad de Dios en la tierra, de la misma manera que se hace en el cielo».

Vale la pena examinar el ejemplo de rendición del apóstol Pablo. La clave para entender la grandeza del apóstol la encontramos en su oración de conversión: «Él, temblando y tembloroso, dijo: Señor, ¿qué quieres que yo haga?» (Hechos 9:6a). Como buen judío, Pablo conocía muy bien el Antiguo Testamento como para reconocer que Dios tenía una voluntad o propósito para su vida. Tan pronto como descubrió que el Dios al cual estaba persiguiendo no era otro que el propio Señor Jesucristo, inmediatamente rindió su voluntad a él. Como Pablo vivió una vida de rendición, las decisiones que tomó durante su vida fueron decisiones correctas.

El rey David reflejó esa misma actitud básica en la mayor parte de su vida. En Hechos 13:22, Dios dijo de él: «He hallado a David... varón conforme a mi corazón, quien hará *todo* lo que yo quiero» (énfasis agregado). Esto se capta en la oración de David: «Abre mis ojos, y miraré las maravillas de tu ley» (Salmos 119:18). Esta debería ser siempre nuestra actitud cuando nos acercamos a la Palabra de Dios: «Revélame por tu Palabra lo que quieres que haga, y me gozaré en hacerlo». Esta es una rendición anticipada y sin reservas a la voluntad de Dios. Los cristianos quienes voluntariamente y en forma anticipada se rinden obtendrán suficiente guía bíblica como para tomar decisiones con bastante facilidad.

Me temo que muchos cristianos no se han rendido a la voluntad de Dios antes de que la identifiquen; por eso, encuentran tan difícil obtener la dirección de Dios. Estas personas tienden a orar así: «Querido Señor, muéstrame tu voluntad para mi vida, y si estoy de acuerdo con ella, la cumpliré». Esta actitud, muy común, es definitivamente errónea. Quizás se pregunte: «¿Cómo puedo decir si *en verdad* me he rendido, anticipadamente, a la voluntad de Dios?» Muy simple. ¿Está ya siguiendo sus instrucciones? Por ejemplo, asiste a la iglesia con regularidad, en cumplimiento con las órdenes de Dios de no dejar «de congregarnos» en referencia al día de adoración al Señor (Hebreos 10:25)? ¿Tiene el mundo un poder de atracción tan grande en su vida que lo hace seguirlo a él en lugar de a Cristo? Se nos dijo: «No améis al mundo, ni las cosas que están en el mundo. Si alguno ama al mundo, el amor del Padre no está en él» (1 Juan 2:15). ¿Y qué podemos decir de diezmar, ganar almas y orar? Si usted no está haciendo lo que ya sabe que es la voluntad de Dios, es muy improbable que se rinda anticipadamente a sus propósitos para su vida.

Nuestro Señor debería ser el ejemplo número uno en tales casos. Él dijo: «Mi comida es que haga la voluntad del que me envió» y «He descendido del cielo no para hacer mi voluntad, sino la voluntad del que me envió» (Juan 4:34a; 6:38). Pregúntese: «¿Qué realmente quiero de la vida?» ¿Insiste en hacer las cosas a su modo? O ama y confía en Dios hasta el punto que quiera abrazar su voluntad más que cualquiera otra cosa?

Sea que se haya dado cuenta o no, su conversión la hizo al *Señor* de su vida. La Biblia dice: «Porque todo aquel que invocare el nombre del Señor, será salvo» (Romanos 10:13). Manténgalo a él como Señor de su vida, siguiendo sus instrucciones implícitamente.

A veces, las instrucciones de Dios son fáciles de aceptar, en otras ocasiones, respondemos por fe, si es que ya nos hemos rendido a él. Pablo debe de haber tenido esto en mente cuando escribió: «Así que, hermanos, os ruego por las misericordias de Dios, que presentéis vuestros cuerpos en sacrificio vivo, santo, agradable a Dios, que es vuestro culto racional» (Romanos 12:1). Ahora que somos cristianos, su vida y la mía deberían ser un sacrificio viviente a la voluntad de Dios. Note que Pablo basa su desafío en las misericordias de Dios. Podemos confiar en un Dios misericordioso para promover nuestros intereses a la larga, aunque a la corta tengamos alguna duda. La felicidad duradera es el resultado de hacer su voluntad.

¿Recuerda a Ron, el impresor mencionado en el capítulo 1? Él también aprendió el valor de rendir su voluntad a los mandatos de la Escritura. Si recuerda la historia, Ron había querido expandir su compañía uniéndose con otro hombre de negocios que liquidaría su parte en la sociedad en cinco años. El arreglo que inicialmente parecía bueno para Ron lentamente empezó a preocuparlo. Antes de firmar los papeles finales, acudió a mí pidiendo consejo. Lo primero que le pregunté fue si el otro hombre de negocios era cristiano. Cuando supe que no lo era, le dije a Ron que leyera 2 Corintios 6:14-18, particularmente aquella parte donde dice que los cristianos no debemos unirnos en yugo desigual con los infieles, lo cual en este caso incluía a uno de los socios que no era creyente.

La respuesta de Ron fue de rendición completa al mapa de Dios. Inmediatamente dijo: «No firmaré nada». Deshizo las negociaciones y esperó encontrar otro socio. Más tarde, Ron supo que el primer hombre de negocios ya había hipotecado todo su equipo ($42,000) y luego se había ido de la ciudad: maquinaria, tienda y un fuerte préstamo bancario. Ron supo entonces que gracias a haber decidido rendirse al mapa de ruta de Dios se había librado de perder 42,000 dólares y de haber ido a una probable bancarrota.

ORACIÓN

SEÑAL 2: ORACIÓN

Una segunda señal de camino que lo lleva a la voluntad de Dios es la oración. La Biblia nos presenta el reto: «Pedid, y se os dará; buscad, y hallaréis; llamad, y se os abrirá» (Mateo 7:7). El apóstol Pablo agrega: «Por nada estéis afanosos, sino *sean conocidas vuestras peticiones delante de Dios* en toda oración y ruego, con acción de gracias» (Filipenses 4:6, énfasis agregado). A los colosenses, les dijo: «Por lo cual también nosotros, desde el día que lo oímos, no cesamos de orar por vosotros, y de pedir que seáis llenos del conocimiento de su voluntad en toda sabiduría e inteligencia espiritual, para que andéis como es digno del Señor, agradándole en todo, llevando fruto en toda buena obra, y creciendo en el conocimiento de Dios» (Colosenses 1:9-10).

Estos son solo tres pasajes de la Escritura que confirman que Dios quiere que oremos cuando buscamos su dirección. Por supuesto, él quiere que oremos por cada cosa y que lo hagamos «sin cesar» (1 Tesalonicenses 5:17).

Yo mismo he descubierto que la oración es por lo general el primer recurso cuando un cristiano piensa hacer la voluntad de Dios. No ora por decisiones menores tales como decidir cuál de tres rutas debe tomar para atravesar la ciudad, pero cuando le dan la noticia que la vida de su hijo está en peligro, su primera intención es orar. Mi esposa y yo podemos dar testimonio de esto. Cuando los doctores nos dijeron que había pocas posibilidades de que nuestra hija pasara la noche a menos que optáramos por el mejor de tres posibles tratamientos, muy honestamente, no nos sentimos capaces de decidir por nosotros solos. Así es que nos fuimos a un lugar apartado y quieto y oramos. Le pedimos a Dios que guiara nuestros pensamientos sabiendo que él promete hacerlo cuando se lo pedimos. La decisión fue fácil porque Dios nos guió. Hoy, Lori es madre de tres hijos.

Algunas personas usan un procedimiento complicadísimo cuando oran. Yo, por mi parte, empiezo confesando mi pecado de modo que nada pueda interponerse en el proceso de la oración. Luego doy a conocer mi petición a Dios y le agradezco por su bondad y presencia en mi vida. Este método puede parecer muy simple, pero sospecho que es muy parecido a la forma en que la mayoría de los cristianos oran. Note lo sencillo en esta increíble promesa: «Pues si vosotros, siendo malos, sabéis dar buenas dádivas a vuestros hijos, ¿cuánto más vuestro Padre que está en los cielos dará buenas cosas *a los que le pidan*?» (Mateo 7:11, énfasis agregado).

La oración es una parte integral en la ayuda para que hagamos decisiones correctas. Pero Dios tiene algo más en mente cuando nos enseña a orar pidiendo su dirección. Quiere llevarnos muy cerca de él para que lo reconozcamos en todos nuestros caminos.

Dios parece tener cuatro caminos para conseguir que le busquemos con todo nuestro corazón:

> Dificultades financieras
> Problemas de salud, personal o familiar
> Conflictos conyugales
> Incertidumbre sobre un cambio en la vida

Tales dificultades deberían llevarnos más cerca de Dios y enriquecer nuestra vida espiritual. Como resultado, el trauma de tomar decisiones que nos lleva a orar probará ser beneficioso.

ESPÍRITU SANTO

SEÑAL 3: EL ESPÍRITU SANTO

La tercera señal de camino que nos indica la voluntad de Dios es la presencia del Espíritu Santo. En el capítulo 3 vimos la importancia de ser llenos con el Espíritu. Ahora queremos examinar su fuerza guiadora en nuestras vidas. Cuando estamos controlados por el Espíritu, su presencia dentro de nosotros nos guía a la voluntad de Dios. Nuestro Señor prometió: «El Espíritu de verdad... mora con vosotros, y estará en vosotros... *él os enseñará todas las cosas, y os recordará todo lo que yo os he dicho*» (Juan 14:17, 26, énfasis agregado). Pasajes de Romanos 8 nos ayudan a entender cómo el Espíritu nos guía en nuestras vidas, decisiones, deseos y acontecimientos aunque muchas veces no seamos conscientes de ello.

Porque los que son de la carne piensan en las cosas de la carne; pero los que son del Espíritu, en las cosas del Espíritu. Porque el ocuparse de la carne es muerte, pero el ocuparse del Espíritu es vida y paz. Por cuanto los designios de la carne son enemistad contra Dios; porque no se sujetan a la ley de Dios, ni tampoco pueden; y los que viven según la carne no pueden agradar a Dios. Mas vosotros no vivís según la carne, sino según el Espíritu, si es que el Espíritu de Dios mora en vosotros. Y si alguno no tiene el Espíritu de Cristo no es de él. Pero si Cristo está en vosotros, el cuerpo en verdad está muerto a causa del pecado, mas el espíritu vive a causa de la justicia. Y si el Espíritu de aquel que levantó de los muertos a Jesús mora en vosotros, el que levantó de los muertos a Cristo Jesús vivificará también vuestros cuerpos mortales por su Espíritu que mora en vosotros. Así que, hermanos, deudores somos, no a la carne, para que vivamos conforme a la carne; porque si vivís conforme a la carne, moriréis; mas si por el Espíritu hacéis morir las obras de la carne, viviréis. Porque todos los que son guiados por el Espíritu de Dios, estos son hijos de Dios. (Romanos 8:5-14).

Y de igual manera el Espíritu nos ayuda en nuestra debilidad; pues qué hemos de pedir como conviene, no lo sabemos, pero el Espíritu mismo intercede por nosotros con gemidos indecibles. Mas el que escudriña los corazones sabe cuál es la intención del Espíritu, porque conforme a la voluntad de Dios intercede por los santos. Y sabemos que a los que aman a Dios, todas las cosas les ayudan a bien, esto es, a los que conforme a sus propósitos son llamados. Porque a los que antes conoció, también los predestinó para que fueran hechos conformes a la imagen de su Hijo, para que él sea el primogénito entre muchos hermanos. (Romanos 8:26-29).

El hijo de Dios debe desarrollar una sensibilidad a la dirección interior del Espíritu Santo. Aprenda a orar interiormente acerca de lo que necesite.

Una noche que estaba saliendo de viaje desde el aeropuerto de Chicago, tuve que decidir si tomaba el avión de itinerario, que estaba atrasado o un vuelo que me llevaría a casa treinta minutos antes. Después de orar en silencio, decidí tomar el avión de itinerario el que, debido a la hora, estaba casi vacío. Un ingeniero que iba para mi misma ciudad se sentó a mi lado y me preguntó: «¿A qué se dedica usted?» Cuando le dije que era un ministro del evangelio, temí que saltaría fuera del avión por el brinco que dio. Después de veinte minutos volvió a dirigirme la palabra. «Explíqueme algo», me dijo. «Mi cuñado me ha estado diciendo que nació de nuevo. Usted que es teólogo, explíqueme qué quiere decir eso».

Mucho antes que llegáramos a destino, el ingeniero había elevado una oración recibiendo a Cristo como su Salvador. Gracias a Dios que leí la señal de aquella «suave y pequeña voz» que me hizo seleccionar el vuelo que me llevaría treinta minutos más tarde a casa.

Eso es lo que la Palabra quiere decir cuando leemos: «Él enderezará tus veredas» o «Sobre ti fijaré mis ojos» (Proverbios 3:6b; Salmos 32:8b). Él «da de codazos» a nuestro espíritu, o «impresiona» nuestro espíritu o «ensancha» nuestro corazón. Estas son algunas de las formas en que el Espíritu Santo trabaja dentro de nosotros.

D.L. Moody acostumbraba a decir algo sobre esto: «Cuando sientes una carga por hacer algo que no viola las Escrituras, es la voluntad de Dios».

La dirección del Espíritu coincidirá siempre con la Palabra de Dios. El Espíritu Santo escribió la Palabra e inspiró a sus siervos para que la transcribieran. Por lo tanto, debemos estar seguros que él no nos llevará por caminos que son contrarios a ella. En muchos casos, él trae a nuestra mente pasajes de la Escritura justo en el momento en que tenemos que tomar una decisión.

SEÑAL 4: CIRCUNSTANCIAS

Cuando usted avanza velozmente por la carretera no solo ve las señales oficiales sino que también presta atención a las señales del tráfico. Si es una hora de alta circulación de automóviles, empezará a concentrarse más intensamente en las señales del tráfico.

Así también ocurre en la vida. Usted se fija en las circunstancias que son evidencia de la providencia divina. Estas circunstancias o señales toman muchas formas y los cristianos deben aprender a ser sensibles a ellas. Pueden involucrar situaciones como cambio de trabajo, dificultades financieras, problemas nacionales o internacionales (como servicio militar), enfermedades e incluso la muerte de un ser querido.

Las circunstancias tienen un efecto profundo en cada uno de nosotros. El Padre hace que *todas las cosas* «ayuden a bien, a los que conforme a sus propósitos son llamados» (Romanos 8:28).

George Washington, posiblemente el hombre más grande en la historia de los Estados Unidos, creía en la providencia divina. Sin ninguna duda, durante la guerra de independencia había visto a Dios actuando a través de las circunstancias en Valley Forge y muchos otros lugares. Washington vio a Dios concediendo a su pequeño e inexperto ejército la victoria sobre batallones más grandes y mejor preparados. Mi lectura del libro *The Faith of Our Founding Fathers* [La fe de nuestros padres fundadores] me permitió verificar que veintisiete cartas personales escritas por él contenían este firme mensaje: «Si no hubiese sido por el brazo fuerte de la providencia nuestra causa se habría perdido».

Las circunstancias también nos guían a encontrar al compañero o compañera de la vida. En mi caso, me matriculé en una universidad que no había sido de mi preferencia, como resultado de la providencia de Dios (y las oraciones de mi madre). A la tercera semana de clases me encontré en el comedor sentado junto a una hermosa joven de nombre Beverly. Pronto descubrimos que éramos de la misma ciudad, de modo que salimos de aquel lugar caminando y conversando y desde aquel día, hemos caminado y conversado juntos. Más tarde en nuestra vida descubrimos toda clase de razones por las cuales estuvimos en ese preciso lugar y momento. Las «circunstancias» nos habían unido. Pero nuestra historia no es única. Millones de cristianos han encontrado el compañero o la compañera de su vida de esa forma. A la inversa, muchos cristianos en tiempos de desobediencia se encontraron en un lugar en el que nunca debieron haber estado (porque estaba obviamente prohibido en la Escritura), conocieron a un desconocido o desconocida, se casaron fuera de la voluntad de Dios y perdieron la perfecta voluntad de Dios para sus vidas.

¿Se ha preguntado alguna vez por qué los predicadores a menudo usan la selección del esposo o la esposa como un ejemplo de la voluntad de Dios? Hay dos razones. Una, pocas decisiones en la vida tienen un efecto más profundo en la vida de una persona; y dos, es escritural. Una de las historias más excitantes de la Biblia que tienen que ver con la búsqueda del esposo o la esposa es la forma en que Isaac encontró a Rebeca. ¿Recuerda la historia? Abraham mandó a su siervo Eliezer que fuera a tierra de sus parientes en busca de una esposa para su hijo Isaac. Al acercarse Eliezer a la ciudad de Nacor, pidió al Señor que enviara al pozo a una joven virgen que le ofreciera a él y a sus camellos agua para beber. Cuando Eliezer terminó de orar, alzó la vista y vio a Rebeca, una joven que era de la familia de Abraham y que llenaba todos los requisitos (Génesis 24). ¿Sería una mera coincidencia? ¡Difícil! De tales experiencias, alguien dijo: «Dios siempre da lo mejor a quienes dejan la decisión a él».

Puertas abiertas

Otra circunstancia bastante común es una «puerta abierta». Recientemente un maestro de escuela empezó a perder interés en la enseñanza, que había venido ejerciendo durante doce años. Oró pidiendo la dirección de Dios y se le abrió una puerta a través de una oferta que recibió por correo de una plaza de maestro en otro lugar del país, muy cerca de donde vivían sus ancianos padres. Toda su familia quedó maravillada del hecho, y yo mismo no me sorprendí cuando supe que debido a su estado de salud, sus padres estaban requiriendo la presencia física de su hijo. En este caso, la puerta abierta de una oportunidad compaginó perfectamente con el deseo de su corazón.

Tales puertas abiertas son escriturales. Nuestro Señor no solo lo dijo a sus siervos sino a toda la iglesia de Filadelfia, un vistazo profético a toda la iglesia bibliocéntrica de nuestro día, compuesta por millones de personas.

La tan admirable visión del apóstol Pablo llamándosele a Macedonia para ayudar a abrir Europa al evangelio fue una experiencia singular en su vida. En ocasiones él se refería a «la puerta abierta» o a «la puerta de comunicación» que Dios había puesto delante de él. Por ejemplo: «Orando también al mismo tiempo por nosotros, para que el Señor nos abra puerta para la palabra, a fin de dar a conocer el misterio de Cristo» (Colosenses 4:3).

En realidad, el término «puerta abierta» significa una oportunidad evidente para servir a Dios. Pero recuerde, Dios también puede cerrar puertas. No asuma de inmediato, sin embargo, que una puerta cerrada significa que tal oportunidad le es negada en forma permanente. Quizás no sea el tiempo. Si la carga para hacer algo persiste, si no es contraria a la Palabra de Dios y si usted está sometido al Espíritu Santo, persista. Quizá la puerta se abra más tarde. Dos años antes que Dios nos llamara a Bev y a mí a dejar nuestra iglesia en Minneapolis e ir a San Diego, él me dio una carga por ministrar en California.

Una iglesia me entrevistó, pero ya estaba comprometida con otro pastor. Durante dos años esa carga persistió, particularmente durante aquellos inviernos cuando hubo 36° bajo cero. Y entonces, cuando menos lo esperábamos, como resultado de una reunión «por si acaso» con otro ministro, se me recomendó a la iglesia Open Door de San Diego, la cual fue mi parroquia durante veinticinco fructíferos años.

Recuerde: «Lo que Dios ha hecho por otros, quiere hacerlo por usted». Mantenga sus ojos abiertos para las oportunidades de puertas abiertas en su vida. Pero no descuide las otras señales. Particularmente ponga atención en aquellas circunstancias que parecieran la guía de Dios en acuerdo con su Palabra. Si Dios está dirigiendo, ni el Espíritu Santo ni las circunstancias de la vida le llevarán jamás a violar su Palabra. El ejemplo más obvio es el de una joven que trató de convencerme que había encontrado al hombre de su vida en un viaje de negocios. «Se sentó a mi lado y resultó estar hospedado en el mismo hotel», me dijo. Y continuó: «Nunca había sentido un estremecimiento igual». Todo parecía bien, excepto una cosa: «su hombre» no era cristiano. Según la Biblia, nuestra autoridad final, «el hombre de su vida» no era tal.

SEÑAL 5: PAZ EN EL CORAZÓN

La quinta señal que apunta a la voluntad de Dios es un corazón en paz. Dios no es el autor de la confusión. La Escritura nos dice que «la sabiduría que es de lo alto, es primeramente pura, después pacífica» (Santiago 3:17a). Cuando Dios le está dirigiendo en alguna forma específica, usted puede esperar su paz sobrenatural si está haciendo su voluntad. La Escritura nos dice que no solo podemos conocer la voluntad sino también disfrutar su confianza cuando la entendemos (véase 1 Juan 5:14-15). La confianza a la que Juan se refiere parece equivaler a la paz que Pablo cita cuando les dice a los filipenses que no se preocupen, sino que oren con acción de gracias por las cargas y decisiones de la vida. Como resultado, «la paz de Dios, que sobrepasa todo entendimiento, guardará vuestros corazones y vuestros pensamientos en Cristo Jesús» (Filipenses 4:7). Tenga presente que cuando identifique la voluntad de Dios tanto su mente como su corazón recibirán paz. Una persona cuyo corazón y mente no tienen paz tendrá que soportar un tiempo de conflicto interno, lo que es indicativo o de que Dios no es el que está guiando o que no es el tiempo. Cuando le hice ver a la joven mencionada anteriormente que casarse con «el hombre de su vida» no era la voluntad de Dios, ella empezó a sufrir internamente. Pero yo preferí que sufriera por un tiempo que dañar toda su vida o tener que aspirar a menos que la voluntad perfecta de Dios. Cuando ella cerró esa puerta equivocada y abrió sus ojos para ver la verdadera dirección de Dios, pudo alcanzar la paz.

Volvamos a la historia de Ted, el capitán de la armada en el primer capítulo que tuvo que decidir entre aceptar la puerta que se le abría para llegar a ser un piloto de prueba que ganara mucho dinero (y que también muriera muy pronto) o permanecer en la armada y confiar en Dios para su ascenso. Ted dejó mi oficina buscando la paz de Dios y dejando la decisión final a él. Después de un periodo de espera, gradualmente la paz en cuanto a permanecer en el servicio militar y descansar en Dios para su futuro hizo que Ted renovara su contrato. Poco después de eso, recibió la orden de asumir el comando de una base aérea de la Marina por dos años. La única exigencia que le faltaba para aspirar al grado de almirante. Un día de estos, Ted recibirá el nombramiento de almirante; mientras tanto, él y su esposa están sirviendo al Señor en su país mientras disfrutan de la paz de Dios.

He descubierto que al momento de tomar decisiones, la paz funciona como un «árbitro». Mientras mayor es la decisión, más paz Dios parece administrar. Quizás esto explique por qué cuando me piden que ponga mi autógrafo en la Biblia de alguien, yo siempre agrego: «Que la paz de Dios *gobierne* en vuestros corazones» (Colosenses 3:15a, énfasis agregado). La palabra *gobernar* literalmente quiere decir «arbitrar». En un contexto deportivo, el árbitro decide si el jugador está en juego o fuera de este, en territorio legal o ilegal. La paz interior es la señal sobrenatural de que Dios decide nuestra posición correcta o incorrecta cuando se trata de discernir su voluntad.

¿Está Dios interesado en su automóvil?

Comprar un automóvil con el salario de pastor cuando tenía cinco bocas que alimentar fue una experiencia traumática. Queríamos un vehículo nuevo, pero no nos alcanzaba el dinero. Mientras estudiaba en la universidad trabajé comprando y vendiendo autos usados de modo que estaba seguro que podría encontrar uno con pocos kilómetros. Leyendo los anuncios de autos usados encontré una venta especial con una cláusula de devolución dentro de las veinticuatro horas siguientes. Fuimos al negocio y compramos un vehículo que parecía estar en buenas condiciones. Lo examinamos cuidadosamente buscándole defectos (herrumbre, pintura dañada, gomas demasiado gastadas) y sentimos que habíamos hecho una buena elección.

Llevamos nuestra adquisición a casa y formalmente dedicamos el carro durante nuestras devociones vespertinas. A la mañana siguiente, sin embargo, desperté con mi espíritu turbado y por alguna razón que no pude explicarme en ese momento me encontré mirando nuevamente los anuncios de autos usados. Esa mañana una compañía vendedora estaba anunciando un auto un año más viejo que no me interesó porque el modelo me parecía muy anticuado pero de alguna manera me encontré de camino hacia donde estaba para verlo. Había unos trece vendedores esperando y atendiendo clientes pero uno de ellos se dirigió a mí antes que descendiera del auto que había comprado el día anterior. Me dijo: «¿Dónde consiguió ese auto? ¿No lo compró, verdad?» Luego de esas preguntas me explicó que lo había reconocido. Había pertenecido a un vecino suyo, un vendedor que lo había usado no menos de ciento cuarenta mil kilómetros, la mayoría de estos arrastrando un remolque. Con esa información, me di cuenta de que ese era el auto que menos deseaba. Más tarde supe que el comerciante a quien le había comprado el auto era conocido en el medio porque arreglaba el cuentakilómetros de los vehículos que vendía.

Volvimos, entonces, a ese negocio y como estábamos dentro de las veinticuatro horas en las que podíamos devolver el auto, lo devolvimos. Unos días después conseguimos otro con nueve mil kilómetros. Nos sirvió fielmente durante siete años. Cuando dedicamos este auto, agradecimos a Dios no solo por la paz que nos había dado en todo ese trajín sino también por el desasosiego que nos había hecho sentir con respecto al primero.

Es sabio no hacer nunca una decisión si el «árbitro» —la paz de Dios inspirada por el Espíritu Santo que sobrepasa todo entendimiento— no la declara como «¡segura!»

DESEOS

SEÑAL 6: SUS PROPIOS DESEOS

Una sexta señal que le ayudará a conocer la voluntad de Dios son sus propios deseos. Para algunos cristianos es difícil creer que haciendo la voluntad de Dios se puede ir tras los propios intereses. Nos olvidamos que el Espíritu Santo de Dios vive dentro de nosotros; cuando estamos rendidos a su voluntad, él puede darnos deseos nobles. Romanos 8:16 indica que el Espíritu Santo «da testimonio a nuestro espíritu, de que somos hijos de Dios». Según Romanos 8:14: «Porque todos los que son guiados por el Espíritu de Dios, estos son hijos de Dios». Una evidencia que somos sobrenaturalmente habitados por el Espíritu es que somos guiados por Dios.

Pablo les dijo a los filipenses: «Dios es el que en vosotros produce así el *querer* como el *hacer*, por su buena voluntad» (Filipenses 2:13). De igual manera el salmista enseñó: «Deléitate, asimismo, en

Jehová, y él te concederá las peticiones de tu corazón» (Salmos 37:4).

Un bien conocido maestro de Biblia ha dicho que cuando cristianos instruidos en la Palabra se comprometen con la voluntad de Dios, lo que ellos desean hacer es su voluntad. Yo llevaré este concepto un poco más allá. No se sorprenda si la primera indicación de la voluntad de Dios para usted es su deseo de cumplirla. Seguramente no la va a sentir como una «carga del Señor» o como un «testimonio del Espíritu», sino que es exactamente lo que es. Si una decisión es bíblicamente legítima y no perturba la paz que tiene en su corazón, es casi seguro que es la voluntad de Dios. Tenemos que recordar que estamos tratando con un Padre celestial amoroso que se deleita en que nuestro gozo sea *completo* (Juan 15:11). ¡Qué vida más miserable sería si Dios nos llamara a realizar actividades que despreciamos! Personalmente no creo que tal cosa ocurra. Es posible que inicialmente queramos ignorar el llamado de Dios porque quizás no estemos andando en el Espíritu y un corazón carnal no responde con presteza a la voluntad de Dios. Pero cuando atendemos a su llamado, aparecerá gradualmente una respuesta positiva.

Para un creyente lleno del Espíritu, hacer la voluntad de Dios por lo general es cosa de satisfacer los deseos de su corazón, ya que está rendido a su Palabra y voluntad. Si por alguna razón su deseo no coincide con la voluntad de Dios, ríndase a él y pulirá ese deseo hasta que se conforme a su voluntad. En la mayoría de los casos lo que un cristiano lleno del Espíritu quiere hacer en su vida es realmente la voluntad de Dios para su vida.

CONSEJO PIADOSO

SEÑAL 7: CONSEJO PIADOSO

Otra importante señal es el consejo que Dios nos da a través de consejeros cristianos dedicados. Esto es particularmente verdad en las decisiones más importantes de la vida. La mayoría de las decisiones podemos hacerlas por nosotros mismos, pero mientras más complejas e importantes las decisiones más resueltos deberíamos ser en evaluar cada caso. En ese punto, el Señor puede mandarnos a alguien en quien podemos confiar, alguien que objetivamente puede aconsejarnos en una forma correcta y sana, basado en la Escritura. Al comienzo de un juego de fútbol es posible que usted vea al capitán tomando sus propias decisiones no obstante que el entrenador pudiera darle algunas instrucciones a través de un jugador que recién entra al juego. Pero cuando el puntaje está empatado y faltan solo minutos para que termine el juego, por lo general el capitán pide un receso y se dirige al entrenador en busca de instrucciones más específicas. A esas alturas del juego, cualquier decisión es muy importante para que la tome el capitán por si solo. Casi siempre hay varias opciones entre las cuales seleccionar la más efectiva. La vida es igual. Usted puede hacer algunas jugadas por usted mismo mientras anda en el Espíritu. Pero cuando algo demasiado importante depende de una sola decisión o cuando su vida o sus seres queridos pueden verse afectados por años por la decisión que tome, usted necesita toda la ayuda que pueda conseguir.

El esposo que no dijo su secreto

Vamos a volver nuevamente a la historia de Dick, en el capítulo 1; Dick, el vendedor de Amway que estaba indeciso sobre contarle a su esposa su adulterio. Él necesitaba ayuda escritural para hacer su decisión. Cuando le pregunté cómo creía que su esposa tomaría la confesión, me contestó: «¡Eso la mataría!» Era, por cierto, una exageración. Lo que sí haría sería romperle el corazón y provocarle un terrible dolor (y, en mi opinión, innecesario). Como Dick estaba genuinamente arrepentido, daba todos los pasos que tenía que dar para no volver a cometer su pecado y al compartir el asunto conmigo, su pastor, le sugerí lo siguiente:

Que hiciera un estudio de la Biblia sobre el pecado. Que explorara las consecuencias del mismo así como el perdón de Dios al pecador.

Que aceptara por fe el perdón de Dios y dejara la experiencia atrás, como dice el apóstol Pablo: «Olvidando ciertamente lo que queda atrás» (Filipenses 3:13b).

Que diera gracias a Dios por su perdón (1 Juan 1:9), por su esposa, por su amor y el futuro juntos; y que le pidiera a Dios que protegiera a su esposa de sufrimientos innecesarios. Cada vez que se acordara de su pecado, que diera gracias a Dios por haberlo perdonado.

Que amara a su esposa como se instruye cuatro veces en la Escritura a los maridos que lo hagan (Efesios 5:25-33; Colosenses 3:19).

Que fuera sensible al Espíritu Santo. Si Dios quisiera que confesara a su esposa su pecado, el Espíritu Santo se lo haría claro.

Cuando escribo estas líneas, doce años después, me informa que tienen un matrimonio maravilloso y ella no tuvo que pasar por el dolor de saber de aquel pecado.

Consejo a la esposa de un adicto a la pornografía

Otro ejemplo es la historia de Nancy en el capítulo 1, la esposa que descubrió que su esposo era adicto a la pornografía. Ella fue sabia al buscar consejo. Fue firme en su deseo de ser una esposa sumisa sin ceder a las crecientes exigencias de su esposo a hacer lo que ella consideraba antinatural y humillante, particularmente por su experiencia de que aunque cediera a las demandas, él pronto se cansaría de eso y buscaría poner en práctica otras ideas perversas que le sugerían las revistas pornográficas.

La llevé a la Escritura donde el sexo siempre aparece en el contexto del amor, le mostré que Hebreos 13:4 no endosa todo lo que dos personas puedan hacer en la cama. La palabra griega para *cama* es *kotay*, que se traduce como «coito» o «relación sexual». Comparé aquel pasaje con Efesios 5 y otros pasajes que mandan a los esposos que amen a sus esposas como aman sus propios cuerpos. Después de leer esos pasajes y otros como 2 Corintios 10:5, Nancy pudo entender cómo su esposo podría deshacerse de esos pensamientos y volver a su obediencia a Cristo.

Después que oramos, Nancy fue a su casa y explicó a su esposo que se sometería a él para el acto del matrimonio, pero ya no volvería a someterse a los actos degradantes que él quería que ella realizara. Él estaba tan obsesionado por sus pasiones pervertidas que rechazó el amor de su esposa, prefirió quedarse con sus extrañas fantasías y se divorció de ella. Actualmente, Nancy cuida a sus dos hijos mientras disfruta de paz en su corazón al saber que hizo lo correcto. Su esposo sigue rechazando cualquiera ayuda espiritual y antepuso su voluntad a la de Cristo. Y como muchos adictos a la pornografía, sigue en sus festines depravados y torcidos. Todavía no se escribe el último capítulo de esta historia.

Consejo de otros

El consejo que usted recibe es tan bueno como la persona que se lo da. Si quiere buenos consejos, debe buscarlos en personas buenas. Salomón nos recuerda: «Donde no hay dirección sabia, caerá el pueblo; mas en la multitud de consejeros hay seguridad» (Proverbios 11:14). Debido a que estudian el mismo libro, consejeros piadosos tienden a ofrecer consejos adecuados.

En algún punto de su vida, sin embargo, usted posiblemente necesitará consejo de una persona no creyente, quizás en cuestiones de salud, contabilidad o leyes, donde se requiere de un especialista y en su comunidad cristiana quizá no haya profesionales competentes en estos campos que le puedan asistir. Un oftalmólogo aconsejó a mi madre que se sometiera a una cirugía con rayos láser en uno de sus ojos. A su edad, aquella era una decisión difícil y ella no pudo encontrar un especialista cristiano para que le confirmara profesionalmente el consejo. Cuando me llamó, le indiqué que fuera a ver al médico de la familia y le pidiera su opinión sobre el consejo del especialista en oftalmología. La entrevista dio como resultado que mi madre optara por el tratamiento que le prolongó la visión por varios años. Si usted necesita consejo técnico de un no creyente, escuche el consejo pero no haga una decisión final sobre la base de esa opinión.

Algunos creyentes se sienten muy seguros buscando consejos. Un líder cristiano que conozco tomó una decisión desastrosa que le costó todo, excepto su ministerio. Cuando le pregunté por qué no había ido a otra persona para confirmar el consejo que le habían dado, me contestó: «¿Quién podría aconsejar a un consejero?» En otras palabras, no había en la tierra alguien mejor para darle un consejo. Si hubiese sido más humilde y hubiese buscado orientación de una fuente cristiana, él y la iglesia de Jesucristo se habrían ahorrado muchos dolores de cabeza y desgracias.

En Washington, D.C. donde ciertos líderes toman decisiones que afectan las vidas de millones de personas, he encontrado que muchos de ellos son lo suficientemente humildes como para buscar consejo de otros. Tomemos el ejemplo mencionado en el capítulo 1, el de mi amigo Stan, el congresista que necesitaba decidir si se postulaba a un escaño en el Senado o seguía en la Cámara de Representantes. Algunos días después que Stan y yo hablamos sobre la decisión que tenía que hacer, lo llamé y le dije que había estado orando por él. Le sugerí franca aunque sutilmente que se había embarcado en una empresa suicida. Si dejaba el Congreso perderíamos no solo sus valiosos servicios sino su testimonio cristiano en ese importante cuerpo legislativo. Me agradeció por «tan desalentadoras palabras» y unos días más tarde anunció su decisión de mantenerse en el Congreso. No estoy diciendo que mi llamada solamente cambió su decisión porque varios otros amigos hicieron oír su voz en términos similares. Pero él siguió nuestro consejo. Se libró de una campaña extenuante para senador y continuó sirviendo a Dios y a su país como la voz de un cristiano conservador en el Congreso.

Usted no será nunca tan importante como para no aceptar la ayuda de personas calificadas espiritualmente. Salomón dijo: «Porque con ingenio harás la guerra, y en la multitud de consejeros está la victoria» (Proverbios 24:6). Y también declaró: «El ungüento y el perfume alegran el corazón, y el *cordial consejo* del amigo, al hombre» (Proverbios 27:9, énfasis agregado).

La Escritura ofrece muchos ejemplos de personas buscando consejo. Moisés, por supuesto, marca la pauta al ir a Jetro, su suegro, buscando consejo. Pablo instruyó a las ancianas bajo el cuidado del pastor Tito a ser consejeras de las jóvenes. Casi todas las epístolas de Pablo, particularmente en los últimos pocos capítulos, están llenas de consejos prácticos sobre cómo vivir y tomar decisiones. Uno de los profesores de mis seminarios, el Dr. Grant Howard da consejos muy prácticos en su excelente libro *Knowing God's Will and Doing It.*

Dios pone una gran cantidad de entrenadores junto al campo para nosotros durante nuestra vida sobre la tierra. El creyente tiene que reconocer cuando las cuarenta y una situaciones están presentes para pedir un receso, acercarse a la orilla del campo de juego y hablar con el entrenador. Puede ser su mamá, su papá, su pastor de jóvenes, el pastor de la iglesia, su profesor o simplemente un amigo cercano a quien usted respeta. Pero tenga cuidado de ir al lugar correcto. Busque consejo y ayuda de los que pertenecen a su equipo. Y cuando se acerque al borde del campo, diríjase al entrenador, no al muchacho que reparte agua o a su compañero que solo ha jugado cuatro minutos en toda la temporada. Como los recesos que se piden en un juego, a ellos se puede acudir en muchas oportunidades. Busque a quien le pueda ayudar. Otra cosa: Pida ayuda mientras se está en el juego. Por ejemplo, un hombre que sabe que las cosas no van bien en su matrimonio pero está seguro que puede manejar la situación por sí solo puede descubrir que cuando finalmente acude al borde del campo por ayuda, ya el juego ha terminado y ya es demasiado tarde. El tiempo corre rápido.[5]

Cuidado con los consejeros incompetentes

El cristiano debe ser cuidadoso en cuanto a buscar consejo de las personas piadosas. Recuerde la admonición del salmista, cuando dice: *«Bienaventurado el varón que no anduvo en consejo de malos»* (Salmos 1:1a, énfasis agregado). Ese primer versículo en los salmos pone de relieve un principio fundamental. Puede ser peligroso recibir consejo de personas incrédulas que no usan la Biblia como su manual para determinar su conducta. Ellos siempre darán consejos basados en la sabiduría humana y ese consejo puede estar a ciento ochenta grados de la voluntad de Dios para usted. Las Escrituras enseñan que «el hombre natural no percibe las cosas que son del Espíritu de Dios... ni las puede entender» (1 Corintios 2:14). No espere que personas inteligentes, preocupadas pero incrédulas le den un consejo piadoso. Ellos no entienden la Biblia.

Hay otra advertencia que es esencial. Cuídese de los consejos de cristianos carnales o cristianos viejos que dejan que su egoísmo destruya su objetividad. En tales casos, pida al Espíritu Santo que le dé su adecuada advertencia y que dirija sus sentimientos y pensamientos hacia una solución apropiada.

Cuando yo tenía veinticuatro años de edad, recién salido de la universidad y en mi primera iglesia, dirigí la música en un campamento de verano donde el conferenciante era un maestro bíblico mundialmente conocido con un ego que competía con su fama. Cuando escuchó el nombre de la universidad cristiana donde me había graduado, se exasperó, diciéndome: «¡La primera cosa que debe entender, joven, es que usted no tiene educación alguna!» Y enseguida, prescribió la medicina para mi mal: «Olvídese del entrenamiento que tiene, vaya a la Universidad de Minnesota y consiga una *verdadera* educación». De alguna manera, aquello no tenía sentido en mi mente de joven. ¿Tendría que echar por la borda cuatro años en una universidad cristiana de artes liberales por una educación secular en preparación para el ministerio? Aquello sería cambiar la sabiduría divina por la sabiduría humana; de modo que ignoré su consejo y en lugar de eso, fui al seminario. Pasaron los años y un día, cuando se me confirió un grado honorífico, tuve la oportunidad de contarle mi historia al presidente de mi alma mater. Cuando le mencioné el año en que había ocurrido aquel encuentro, el presidente recordó haberse opuesto a que aquel bien conocido predicador diera una serie de conferencias al cuerpo estudiantil justo seis semanas antes que me diera aquella opinión. ¡Con razón me dijo lo que me dijo!

Pese a mi juventud, me fue relativamente fácil identificar el error de aquel consejo porque violaba el Salmo 1:1. El ministro estaba diciendo que una educación humanística (que por aquel tiempo hacía furor en la Universidad de Minnesota) era más importante que el entrenamiento basado en la Biblia. Desafortunadamente, millones de jóvenes cristianos todavía escuchan ese consejo.

```
┌─────────────────┐
│                 │
│     SENTIDO     │
│      COMÚN      │
│                 │
└─────────────────┘
```

SEÑAL 8: EL SENTIDO COMÚN

La última señal que nos lleva a conocer la voluntad de Dios es el sentido común. Dawson Trotman acostumbraba decir: «Cuando Dios le dio el cerebro, le dio a usted una gran cantidad de instrucciones». Esto le puede parecer extraño. Pero mientras más estudia la Biblia, más su mente será guiada a hacer decisiones espirituales. Por supuesto, en el día se hacen más decisiones menores que importantes y que determinan el futuro de una persona. Si usted lee con regularidad la Palabra de Dios, estas decisiones diarias serán programadas por su mente guiada por Dios casi inconscientemente. A eso llamamos sentido común.

Cuando la Biblia usa el término «dominio propio», quiere decir, precisamente, «sentido común», «sobrio» o «razonable» (2 Timoteo 1:7). Según 1 Timoteo 3:2 y Tito 2:2, se requería que los obispos y diáconos tuvieran sentido común o, que fueran sobrios. Varios pasajes enseñan que a la luz de la venida del Señor, debemos vivir «sensiblemente» (1 Pedro 4:7; Tito 2:11-12). Estos versículos claramente nos retan a usar el sentido común en nuestra vida diaria.

Dios ha dado a los seres humanos un cerebro maravillosamente complejo con la habilidad de pensar, razonar y aprender de experiencias pasadas. Tenemos la capacidad de desarrollar el sentido común, particularmente cuando añadimos a nuestra madurez mental el discernimiento que conseguimos con el estudio regular de la Biblia. Dios espera que desarrollemos ese sentido común y lo usemos al hacer las decisiones importantes de la vida. Es nuestro sentido común el que nos capacita para leer las señales mencionadas en este capítulo y hacer decisiones inteligentes a la luz de nuestras propias circunstancias.

El Dr. A.W. Toser, ya fallecido, quien fuera un distinguido líder cristiano, escribió un tratado que se ha citado mucho y que se titula: «Cómo dirige el Señor». En él, dice:

Excepto por aquellas cosas que son específicamente ordenadas o prohibidas, es la voluntad de Dios que seamos libres para ejercer nuestra propia capacidad de decidir. El pastor guía a la oveja, pero él no decide cuál manojo de pasto va a comer la oveja en el transcurso del día. En casi cada cosa que atañe a nuestra vida sobre la tierra, Dios se complace cuando nosotros nos complacemos. Él desea que seamos libres como las avecillas para elevarnos y cantar alabanzas a nuestro Hacedor sin ansiedades. El deseo de Dios para nosotros puede no ser solamente una elección sino varias posibles. La persona que está completa y felizmente rendida a Cristo no puede hacer una decisión equivocada. Cualquiera decisión estará bien tomada.

¿Pero qué hacer en aquellas ocasiones en que se está ante un asunto de gran importancia y no se encuentra una instrucción escritural clara y de todos modos hay que tomar una decisión? En tales casos tenemos la promesa de Dios de guiarnos para hacer lo correcto. Aquí, por ejemplo, hay dos pasajes de la Palabra de Dios: «Y si alguno tiene falta de sabiduría, pídala a Dios, el cual da a todos abundantemente y sin reproche, y le será dada. Pero pida con fe, no dudando nada» (Santiago 1:5, 6). «Así ha dicho Jehová, Redentor tuyo, el Santo de Israel: Yo soy Jehová Dios tuyo, que te enseña provechosamente, que te encamina por el camino que debes seguir» (Isaías 48:17).

Lleve su problema al Señor. Recuérdele estas promesas. Luego póngase en acción y haga lo que crea que es mejor para usted. Lo que sea que decida estará bien. Dios no dejará que usted cometa un error.[6]

¿Y si la dirección de Dios parece sin sentido?

Obviamente, A.W. Tozer, que ha guiado a cientos a encontrar la voluntad de Dios para sus vidas, creía en el uso del sentido común cuando andamos en el Espíritu. Pero en ocasiones especiales de nuestras vidas Dios puede pedirnos hacer algo que no parece tener sentido. Cuando tal cosa ocurra, espere que él haga bien clara su voluntad a través de las otras señales. Por ejemplo, parece algo sin sentido que Noé haya pasado ciento veinte años de su vida construyendo una inmensa nave cuando nunca antes había llovido. Tampoco tiene mucho sentido que haya hecho que Felipe abandonara una ciudad donde tenía tremendas campañas evangelísticas para hablar del evangelio a un etíope que solitario transitaba por un camino desierto. Ni tampoco que Josué marchara siete veces alrededor de la ciudad de Jericó o que el general Naamán se sumergiera siete veces en el río Jordán. Pero en cada una de estas situaciones, Dios dio entendimiento o revelación especial que estuvieran a tono con las instrucciones inusuales.

Tales experiencias no están limitadas a personajes bíblicos. El pastor de una próspera iglesia en North Dallas, Texas, experimentó una dirección así de parte de Dios. Mientras pastoreaba una iglesia en proceso de crecimiento con más de setecientos miembros, lo invitaron a enseñar una clase de Biblia en el hogar de algunas personas que se habían trasladado al norte de Dallas, una área en pleno desarrollo. Después de unos pocos meses, treinta y cinco personas le pidieron fervientemente que pastoreara el nuevo rebaño en un plan de tiempo completo, lo cual quería decir que tenía que renunciar a su iglesia.

La situación parecía ridícula. El comité de crecimiento de la iglesia de la denominación llegó a la conclusión que la nueva comunidad no reunía las condiciones para levantar una nueva iglesia. Después de mucha oración y búsqueda de almas, el joven pastor fue a ver la propiedad de ocho acres que la nueva iglesia proyectaba comprar y allí buscó ansiosamente la dirección de Dios. Esa tarde, el Espíritu Santo se reveló en una forma muy especial y le comunicó a su espíritu que aceptara el nuevo pastorado. De modo que renunció a su iglesia y aceptó la responsabilidad por aquel puñado de personas, aproximadamente cien el primer domingo de su pastorado oficial. Hoy, varios años más tarde, la congregación tiene quince mil miembros y cerca de seis mil personas asisten a la escuela dominical y al servicio de adoración un domingo cualquiera. Se le considera la iglesia de más rápido crecimiento, la que es reconocida por su poderoso ministerio evangelístico y sus megaiglesias.

Sin duda es posible esperar una indicación especial de parte de Dios cuando nos pide que hagamos algo que parece no tener sentido. La mayoría de las personas solo enfrentan tales trascendentales decisiones de vez en cuando o, en el mejor de los casos, unas pocas veces en la vida. La mayor parte de nuestras decisiones, aún en estos tiempos complejos, tendrán sentido para un creyente (y lo más seguro que parezcan ridículas a un incrédulo). ¿Por qué un pastor de una iglesia hermosa, creciente y ya establecida la dejaría para aventurarse en un sueño sin un edificio real? ¿Por qué un estudiante cristiano de premedicina dejaría su carrera para irse a un seminario a estudiar para el ministerio? Difícilmente estas decisiones tendrán sentido para los incrédulos. «Es un derroche de talento» dirían muchos. Pero si Dios hace su voluntad inequívocamente clara, es mejor hacerla.

RESUMEN

Conocer la voluntad de Dios en la confusión de este mundo perturbado es como aterrizar un aeroplano en medio de la niebla. Como piloto, a menudo he dejado el cielo azul a diez mil pies [tres mil metros] de altura para intentar un aterrizaje en el aeropuerto local cubierto de niebla. De un estado de ánimo tranquilo, de pronto tengo que concentrar toda mi atención en el panel de instrumentos.

Uno de los peligros más grandes de un piloto al aterrizar es fijarse solo en uno o dos de los instrumentos. Hacer un aterrizaje seguro depende de leer constantemente *todos* los instrumentos. Mucho antes de entrar en la zona de niebla, compruebo mis mapas, la altitud, mi indicador de la velocidad del aire, y el aparato que mide la distancia de modo de saber exactamente a qué distancia me encuentro de la pista. Luego compruebo los aparatos direccionales y el declive de deslizamiento para mantenerme a cincuenta pies de la altitud asignada y tasa de descenso. Me mantengo en contacto permanente con el operador del control del radar y compruebo en forma constante el mínimo de altitud descendente sobre la pista. Luego me fijo que las luces de la pista estén debidamente encendidas. Sé que estoy descendiendo correctamente cuando las tres luces rojas se aproximan a mí y cuando el marcador enciende una luz en el panel de instrumentos.

Así es como se conoce la voluntad de Dios para nuestras vidas. Debemos fijarnos en *todas* las señales que apuntan hacia la voluntad de Dios. No podemos fijarnos solo en las circunstancias o el testimonio del Espíritu Santo o el consejo de nuestros amigos o la paz de Dios o incluso nuestro sentido común. Cuando las señales forman una línea recta, sabemos que estamos acercándonos apropiadamente a la «pista de aterrizaje» de la voluntad de Dios. Es cosa de coordinar. Cuando coordinemos las señales para conocer la voluntad de Dios, vamos a descubrir que todas se hacen una, y esa indica claramente a su voluntad.

Como no tenemos la capacidad de ver el futuro, debemos confiar en las señales de la misma manera que un piloto confía en los instrumentos del avión. Aunque los instintos sugieran una respuesta contraria, debemos confiar en nuestros instrumentos: «En este caso nuestra habilidad de rendirnos, nuestras oraciones, el Espíritu Santo, las circunstancias, la paz en el corazón, nuestros propios deseos, consejos sabios y nuestro sentido común». Puede que tome tiempo esperar que todas las señales estén alineadas y recibamos «la orden de tocar tierra», pero a la larga nos ahorrará una importante cantidad de tiempo y sufrimientos innecesarios.

NO TOME DECISIONES APRESURADAS

A menudo hacemos decisiones demasiado apresuradas y, por lo tanto, no suelen ser muy inteligentes. Queremos conocer la voluntad de Dios *¡ya!* Pero él puede tener otros planes para nosotros. Quizás tenga algunas lecciones que quiere que aprendamos. Como ya hemos visto, pasamos más tiempo en compañerismo con Dios cuando procuramos ardientemente conocer su voluntad. Y ese tiempo es de aprendizaje y madurez. Hacernos esperar en él es una manera de probar y fortalecer nuestra fe.

Aparte de eso, es difícil que nos equivoquemos cuando esperamos en el Señor. Muy a menudo corremos impetuosos a tomar una decisión antes de saber lo que Dios tiene para nosotros. Como el teólogo británico J.I. Parker nos recuerda: «Esperar en el Señor es una idea mencionada muchas veces en los Salmos. Es una palabra necesaria porque a menudo Dios nos hace esperar. Él no tiene apuros como nosotros y no es su estilo dar más luz sobre el futuro que lo que necesitamos para actuar en el presente o guiarnos más de un paso a la vez. Cuando tenga duda, no haga nada pero siga esperando en Dios. Cuando necesite entrar en acción, la luz llegará».[7]

Hay solo una cosa en este mundo que me atemoriza: «Salirme de la voluntad de Dios en las áreas realmente importantes de mi vida». No siempre he hecho las mejores decisiones, en especial cuando trabajo bajo presión. Recuerdo especialmente una decisión apresurada que tomé cuando estaba en un escenario público y ante las cámaras de televisión, en Washington, D.C. Fue una decisión horrible que me hizo sufrir por tres o cuatro años. Observando el pasado, me doy cuenta de que debí haber orado por eso y usado las señales que mencionamos en el capítulo anterior. Como regla general, podemos validar la máxima que dice: «¡La demasiada prisa conduce a errores!» La advertencia bíblica: «Reconócelo en todos tus caminos, y él enderezará tus veredas» (Proverbios 3:6) implica que en tal consejo hay envuelto un factor de tiempo. Para hacer decisiones menores no se requiere mucho tiempo, pero sí cuando hay que tomar decisiones importantes. Además, mi recomendación es que para las decisiones que habrán de producir cambios en su vida, reflexione el tiempo que sea necesario permitiendo que Dios confirme positiva o negativamente su intención.

LA DECISIÓN MÁS DIFÍCIL QUE HAYA HECHO JAMÁS

Como dije antes, la decisión más importante que he hecho como pastor fue renunciar a una hermosa iglesia después de veinticinco años de servicio. La vi crecer de tres empleados a trescientos treinta y siete, incluyendo toda la facultad en el sistema educacional cristiano de diez escuelas, en el *Christian Heritage College* y varios otros ministerios. Como pastor principal y, de cierta manera, jefe de todas esas entidades, mi decisión habría de afectar a cientos de otras personas.

Se me hizo claro que no podía seguir quemando la candela por ambos lados: «Realizando treinta seminarios de "Vida familiar" cada año, pastoreando una iglesia en crecimiento que se reunía en tres sitios distintos, escribiendo un libro por año, tratando activamente de advertir a los estadounidenses de los peligros de la no tan sutil religión del humanismo secular y tratando de movilizar el cuerpo de Cristo para que fuera más activo en el proceso político». Cada vez mi candela era más corta. Las oportunidades para dictar conferencias se me presentaban a lo largo y ancho de los Estados Unidos y acceder a esas invitaciones me hacía sentir culpable de descuidar mi congregación. El ritmo de crecimiento bajó de diez por ciento al año a un tres por ciento. Aunque contaba con un equipo pastoral de once pastores asociados muy capaces traté inútilmente durante cuatro años de encontrar a una persona que sirviera como copastor y que proveyera a la iglesia una atención pastoral a tiempo completo.

El primer paso se presentó el treinta y uno de diciembre cuando mi esposa quería que fuéramos a Los Ángeles para participar en una celebración cristiana de fin de año. Dejando lo que estaba leyendo, me quedé mirándola y le dije:

—Bev, creo que Dios quiere que renuncie a la iglesia.

Nunca olvidaré lo que me respondió, como comentario a lo que acababa de oír:

—¡Creo que es tiempo de que lo hagas!

Su respuesta me dejó helado. Esperaba que me dijera algo así como: «¿Sabes lo que me acabas de decir?» En lugar de eso, me dijo:

—Por más de un año y medio he sabido que el momento de tomar esta decisión tenía que llegar.

—¿Por qué no me lo dijiste?, le reproché.

—Porque no quería influir en ti. Tiene que ser una decisión tuya. No quiero que más tarde me culpes si sientes que te has salido de la voluntad de Dios.

Esa fue una respuesta inusual porque siempre analizamos todo con plena libertad. Pero había decidido sabiamente guardar silencio, sintiendo que era yo quien tenía que tomar la iniciativa de esto que habría de cambiar drásticamente el rumbo de nuestras vidas.

Espere en el Señor

Oramos intensamente sobre esta decisión, estudiamos la Palabra, hablamos con amigos piadosos, examinamos las circunstancias y objetivamente tratamos de escudriñar los deseos de nuestros corazones. Al tener ambos la misma convicción sabíamos que por más difícil que fuera tomar la decisión, la voluntad de Dios nos ayudaría a hacerlo.

Después de eso hicimos dos cosas que le recomendamos haga mientras busca la dirección del Padre celestial especialmente cuando se trata de una decisión importante. Primero, empezamos a pedirle a Dios, sobre la base de 1 Juan 5:14-15 no solo que nos mostrara que nuestra decisión era su voluntad perfecta para nuestras vidas sino que nos diera la *seguridad* de que estábamos haciendo su voluntad. Segundo, pusimos la decisión en estado de reflexión para darle a Dios amplia posibilidad de interceptarnos en caso que eso no fuera su voluntad.

Permítame explicarle cómo estos dos pasos contribuyeron en el proceso de conocer la voluntad de Dios. Después que le pedimos que nos diera *seguridad* en la decisión que sentíamos que él nos estaba diciendo que hiciéramos, sentimos que la seguridad crecía. Cada señal junto al camino y su paz confirmaban que la decisión era correcta. Yo le pedí específicamente al Señor que sin importar lo que ocurriera en el futuro, me diera esa seguridad. Él nunca me dejaría dudar de lo correcto de la decisión. Después de seis años, no he dudado un solo momento que aquella fue su voluntad perfecta. Para ser sincero, he echado de menos el ser pastor y con gusto volvería a serlo si Dios me guiara en tal sentido. Pero a pesar de los cambios en mi vida y de la iglesia que dejé, jamás he dudado que la decisión que hice era la correcta.

Mientras manteníamos la decisión en reposo, le dimos a Dios tiempo para que nos corrigiera si algo no estaba bien. En nuestro caso, la reunión de negocios anual de nuestra iglesia donde tendría que anunciar nuestra salida no iba a tener lugar sino en veintisiete días, lo que nos dio casi un mes para escuchar la voz de Dios. Durante cada día en este tiempo seguimos orando. Si no era su voluntad que renunciáramos queríamos que detuviera todo el proceso que ya había empezado a moverse. Todos los vellones que pusimos para que Dios manifestara en forma tangible su voluntad amanecieron húmedos de rocío. (Véase Jueces 6:36-40.)

Cuando llegó el veintisiete de enero, día de nuestra reunión anual, yo estaba lleno de esa paz que sobrepasa todo entendimiento. Por supuesto eso no hizo menos embarazoso el anuncio de nuestra decisión que tomó por sorpresa a toda la iglesia. Sin embargo, las cosas que ocurrieron después han probado sin ninguna duda que era aquella la decisión correcta.

¡Deseo para usted la misma paz, amado lector! Pero no la experimentará a menos que dé a Dios tiempo mientras mantiene su decisión en reposo. Luego que haga esto podrá en forma simultánea hacer la voluntad de Dios y disfrutar de la *seguridad* de estar en el centro de su voluntad. Esta seguridad raramente viene cuando estamos apurados o exigimos una respuesta inmediata. Pero si espera en el Señor y tiene valor: «él fortalecerá su corazón» (Salmos 27:14). Si usted se adelanta a lo que cree es la voluntad de Dios, dejará de tener la seguridad que habrá podido disfrutar. La prueba de la fe que a menudo acompaña a un gran paso ofrece el beneficio de la seguridad que aunque todo parezca confuso y no se entienda completamente la dirección de Dios, de todos modos se tiene la seguridad que su voluntad es perfecta en usted.

Fue lo primero que Bev y yo aprendimos sobre la importancia de esa seguridad cuando dejamos nuestra iglesia en Minnesota y comenzamos nuestro ministerio en San Diego. Por lo general la «luna de miel» de un nuevo pastor se prolonga por más o menos un año. ¡La nuestra duró seis semanas! No teníamos idea de cuán dividida estaba la iglesia con dos asociaciones bautistas completamente opuestas. La mayoría de los miembros eran conservadores en teología pero algunos eran legalistas respecto a mantener algún tipo de relación con las denominaciones liberales. Ambas asociaciones estaban cortejando a la congregación. En seis semanas quedó claro que me inclinaba por los conservadores y la asociación que los representaba. En los siguientes tres años los legalistas liberales hicieron todo lo que pudieron para sacarme. Durante ese tiempo, a Bev y yo nos sostenía la seguridad que aunque nuestra barca estaba siendo sacudida por ondas gigantescas, estábamos en el centro de la voluntad de Dios. Pasada la tempestad, nos quedamos en esa iglesia por veinticinco años y disfrutamos algunas de las mejores experiencias en el ministerio. A veces, esa seguridad es la única fuente de confianza y fortaleza, por eso es bueno esperar.

La seguridad que nos confortó después de nuestra decisión de dejar la iglesia de Minnesota e irnos a California fue tan alentadora que veinticinco años después, cuando nos sentimos guiados a dejar la iglesia de California, anhelábamos tener la misma experiencia.

DIOS NO SE DESESPERA

A Dios le tomó seis días completos para terminar la obra de la Creación, que pudo haber hecho en un instante. Durante novecientos treinta años, tuvo que ocuparse del primer hombre, Adán. Dio instrucciones a Noé para salvar a la humanidad ciento veinte años antes que el diluvio ocurriera. Prometió a Abraham un hijo que introduciría una nueva raza en el mundo y luego lo hizo esperar veinticinco años para la realización de la promesa. Profetizó a través de Daniel que el Mesías de Israel sería «cortado» (crucificado); su pueblo esperó cuatrocientos ochenta y tres años para que se cumpliera la profecía (Daniel 9:24-26). Después que salvó a Saulo de Tarso, lo llevó al desierto por tres años para educarlo antes de empezar a usarlo en el ministerio. Antes que nuestro Señor ascendiera al cielo, prometió a su iglesia que volvería por ella, lo que hemos estado esperando por más de dos mil años. Dios no se desespera. Nosotros, en cambio, sí nos desesperamos. Y es entonces cuando quedamos expuestos a cometer serios errores. Cuando yo estoy apurado por conocer su voluntad, él trae a mi mente esta advertencia: «Porque os es necesaria la paciencia, para que habiendo hecho la voluntad de Dios, obtengáis la promesa» (Hebreos 10:36).

¡Paciencia! A veces pareciera más fácil hacer la voluntad de Dios que esperar que él nos la revele. Desafortunadamente, muchos cristianos se resisten a esperar. Echan una mirada superficial a sus circunstancias, comprueban los deseos de su corazón, observan al pasar una o dos señales del camino y de ahí saltan a una conclusión. Esta es la razón por la que muchos han estropeado sus vidas y se han extraviado del plan perfecto de Dios para ellos. Aunque «¡Corramos!» pareciera ser el lema de los Estados Unidos en estos días, necesitamos tener nuestro propio lema: «Espera en el Señor». Necesitamos aprender que Dios está más interesado en que le conozcamos mejor a él ahora, que en revelar su voluntad para nosotros, ahora.

PARA MÁS SEGURIDAD, COMPRUÉBELO DOS VECES

Todos los seres humanos poseen una libre voluntad, la cual nos hace diferentes a los demás miembros del reino animal. Dios, en su soberanía, quiso dar a cada persona el control total sobre su propia voluntad. Así, podemos aceptar o rechazar la voluntad de Dios; es decisión nuestra.

La Biblia está llena de historias de hombres y mujeres que ejercieron su voluntad en respuesta a instrucciones divinas. Muchos se rebelaron contra Dios, suplantando su voluntad por la suya propia: «Caín, el primer homicida; la gente de los tiempos de Noé; los habitantes de Sodoma y Gomorra; el faraón, Jezabel y Judas Iscariote para nombrar solo a algunos». Otros sometieron su propia voluntad a la de Dios: «Enoc, Matusalén, Noé, Daniel, Juan el discípulo amado y unos cuantos más». La mayoría de los siervos de Dios obedecieron la mayor parte del tiempo: «Adán, Abraham, Moisés, David, Pedro, Pablo y otros».

¿EGOCENTRISMO O LA VOLUNTAD DE DIOS?

En algún momento de sus vidas, muchos personajes bíblicos se comprometieron a hacer la voluntad de Dios pero luego intencionalmente echaron a perder sus promesas mediante uno o más actos de egocentrismo. Como resultado, tuvieron que sufrir las serias consecuencias que conlleva dejar de hacer la voluntad de Dios.

Tomemos, por ejemplo, el caso del apóstol Pablo. Durante la mayor parte de su vida, se sometió a la voluntad de Dios y fue usado efectivamente por él. Pero por naturaleza, Pablo fue una persona de una voluntad muy fuerte y en ocasiones antepuso su voluntad a la de Dios. Cerca del final de su tercer viaje misionero (Hechos 20), Pablo aparentemente decidió las cosas por su cuenta y a pesar que Dios lo había llamado como apóstol a los gentiles, decidió volver a Jerusalén. Quizás estaba siendo afectado por la nostalgia; probablemente esperaba obtener la aprobación de sus compañeros por el increíble trabajo que había hecho, o quizás quería ganar a algunos de sus antiguos colegas para Cristo. No hay seguridad en cuanto a la motivación real, pero es evidente que en esto no era dirigido por el Espíritu Santo.

Sin duda, este le reveló a Pablo su voluntad en cuanto al viaje a Jerusalén. En Hechos 21 vemos que cuando llegó a Tiro los discípulos, mediante el Espíritu le dijeron que no fuera a Jerusalén (Hechos 21:11). Pero Pablo se mantuvo firme en su decisión. Unos cuantos días después, cuando llegó a Cesarea, se hospedaron en casa de Felipe el evangelista. Allí, un profeta de Judea de nombre Agabo, tomando el cinturón de Pablo ató con él sus pies y sus manos y dijo: «Así dice el Espíritu Santo: Así atarán los judíos en Jerusalén al varón de quien es este cinto, y le entregarán en manos de los gentiles» (Hechos 21:11). Cuando los creyentes oyeron eso, le rogaron a Pablo que no subiera a Jerusalén (Hechos 21:12). Pero Pablo se negó a oírles. La Escritura nos dice: «Y como no le pudimos persuadir, desistimos, diciendo: Hágase la voluntad del Señor» (Hechos 21:14). O todos estos discípulos y profetas estaban equivocados o Pablo era un cabeza dura, un voluntarioso que había olvidado un principio fundamental: «Cuando algunas personas motivadas espiritualmente recomiendan un cambio de rumbo es mejor buscar la dirección del Espíritu Santo en tal asunto».

Las experiencias que le sobrevinieron al apóstol son bien conocidas. Por lo general, un pecado conduce a otro; así, encontramos a Pablo afeitándose la cabeza y haciendo un voto israelita en un intento por complacer a los judíos. Le costó caro su breve periodo de egocentrismo: «Dos años innecesarios en una prisión en Cesarea (Hechos 22-16)». Pero aprendió una valiosa lección de la cual todos los creyentes deberían beneficiarse: «Dios no comete errores al dirigir nuestras vidas cuando nos sometemos a su voluntad implícita».

Aunque la Escritura no da más detalles sobre este caso, Pablo tiene que haber confesado y recibido el perdón por esta rebeldía suya, pues de nuevo lo vemos muy productivo y útil en las manos de Dios. Aunque pecamos, Dios no guarda rencor. Por eso fue que usó poderosamente a Pablo en la prisión, al testificar este a gobernadores, reyes y, finalmente, al mismísimo César. Es más, algunas de sus epístolas Pablo las escribió *después* de haberse dejado llevar por su temperamento carnal. Restablecer la correcta relación con Dios es para un creyente que reconoce su pecado y se somete a Dios una experiencia de un instante; claro, siempre que el pecado cometido no descalifique a la persona para un servicio posterior.

Aunque Pablo reaccionó bien y de nuevo llegó a ser un siervo eficiente, algunos creyentes se resisten a retractarse de su egocentrismo y siguen frustrando a Dios en sus intentos de guiarlos. Sansón, por ejemplo, repetidamente perdió el favor de Dios en su confrontación con los filisteos. Fue un Sansón ciego y sojuzgado el que se arrepintió y ganó la victoria sobre sus enemigos, pero al costo de su propia vida. Por otro lado, David vivió una vida piadosa por cincuenta años, luego cayó estrepitosamente debido a una serie de decisiones egoístas, incluyendo el adulterio, el engaño y el asesinato. Todas estas maldades le fueron perdonadas porque se arrepintió de veras. Y Dios no lo descartó como siervo. De todas maneras, el resultado de su pecado y el juicio de Dios tuvieron ciertamente un efecto adverso sobre el resto de su vida, limitándolo muy severamente. Pero a diferencia de Sansón, David no fue destruido por su egocentrismo.

Cuando salga de la arena del egocentrismo no deje que pase un minuto entre las decisiones voluntariosas y el arrepentimiento. Luego reconságrese a la voluntad de Dios y deje que él lo use el resto de su vida.

JESÚS Y LA VOLUNTAD DE DIOS

Jesús también tuvo que luchar por conocer y hacer la voluntad de Dios. En el Jardín de Getsemaní, soportó una de las más agonizantes experiencias de su vida, evidenciado por las gotas de sangre que corrieron por sus sienes. El Evangelio de Mateo nos dice que Jesús oró tres veces en relación con la voluntad de Dios. En cada caso, sus oraciones fueron idénticas: «Padre mío, si no puede pasar de mí esta copa sin que yo la beba, hágase tu voluntad» (Mateo 26:42). Lucas lo dice de esta manera: «Padre, si quieres pasa de mí esta copa, pero no se haga mi voluntad, sino la tuya» (Lucas 22:42).

Cualquiera que haya sido el contenido de la «copa», Jesús no quería beberla. Hay quienes identifican la copa con la crucifixión, pero yo no comparto esa idea porque su propósito era morir por los pecados del mundo entero. No. Él no estaba resistiéndose al peso de la cruz. Así lo hizo manifiesto cuando dijo: «Para esto he llegado a esta hora» (Juan 12:27). Mientras nadie puede identificar con certeza el contenido de la copa, yo tiendo a creer que representa nuestro pecado. De acuerdo con las Escrituras, él no tenía miedo a morir por nuestros pecados, incluso en la atroz e ignominiosa muerte de cruz. Más bien, su resistencia estaba en contaminar su naturaleza santa al beber de nuestros pecados. Sin embargo, lo hizo porque era la única forma en que podía morir como un sustituto de sacrificio por nuestra iniquidad.

La importancia de esa copa la refleja la apelación que Pablo hace a los corintios en cuanto a ser redimidos mediante la fe en Cristo: «Al que no conoció pecado, por nosotros lo hizo pecado, para que nosotros fuésemos hechos justicia de Dios en él» (2 Corintios 5:21). Porque el santo, Dios-hombre, Cristo Jesús, se hizo pecado sin haber cometido pecado, tuvo que participar de nuestros pecados, inocente pero deliberadamente. El contenido de la copa, nuestro pecado, llena ese requerimiento: «La voluntad de Dios era para él ser nuestro sacrificio sustituto».

DOBLE COMPROBACIÓN

No hay que perder de vista la importancia del hecho, que cualquiera haya sido el contenido de la copa, nuestro Señor nos dio aquí un brillante ejemplo de cómo orar cuando buscamos hacer la voluntad perfecta de Dios. Sinceramente Cristo estableció *su* voluntad cuando dijo: «Que pase de mí esta copa», pero al agregar: «Pero que no se haga mi voluntad sino la tuya» estaba subordinando su voluntad a la del Padre. La voluntad del Señor estaba perfectamente cumplida en la voluntad del Padre.

El mismo patrón es válido para nosotros. Cuando enfrentamos las grandes crisis de la vida, podemos usar la doble comprobación: Dígale sinceramente al Señor lo que usted cree que es su voluntad (o, en algunos casos, su voluntad), luego ore, diciendo: «Que no se haga mi voluntad, sino la tuya».

He compartido este patrón con muchas personas. En un caso, un distinguido joven me dijo todo sobre la muchacha que él identificaba como la señorita Perfecta. Le pregunté si quería a esta joven como su esposa más que hacer la voluntad de Dios. Por un momento pensó en la pregunta y luego me dijo: «Pastor, la amo, pero no la quiero a menos que sea la voluntad perfecta de Dios para mi vida».

Nos arrodillamos allí donde estábamos y oramos: «Querido Señor, con todo el amor que John tiene por la señorita Perfecta, si ella no es tu voluntad perfecta para su vida, haz que lo logre saber. Por más que se quieren el uno para el otro, ellos desean tu voluntad perfecta». (Debido a que yo conocía y amaba a esa joven, oré para que Dios quitara sin causar dolor el amor que se tenían si esa fuera su voluntad.)

En dos meses, llegaron a la conclusión que no podrían continuar su relación amorosa. La decisión la tomaron sin excesiva perturbación y hasta hoy siguen siendo amigos. Ambos se casaron con otras personas y sirven al Señor con mucha alegría. La doble comprobación para conocer la voluntad de Dios es tan sincera como directa. Cuando usted crea conocer la voluntad de Dios, revélele los deseos de su corazón en la esperanza que coincidan con los del suyo. Luego ore: «Como quiera que sea, Padre, que no se haga mi voluntad sino la tuya». Si lo hace así, no va a adelantarse al programa que Dios tiene para su vida. No he conocido a una persona que sinceramente haya hecho esa oración y haya vivido para lamentarse de hacerlo.

Ese fue el consejo que le di a Joan, la «viuda» mencionada en el capítulo 1. Si recuerda la historia, el esposo de Joan, Charles, se dio por desaparecido en acción durante la guerra de Vietnam y luego se le declaró muerto. Joan quería casarse con Bob, un cristiano de su misma iglesia, pero ella no estaba segura que Charles hubiera muerto realmente. La Fuerza Aérea le había notificado oficialmente que el avión de su esposo se había estrellado, pero nunca se encontró el cadáver de Charles.

¿Qué fue lo que hizo ella? Primero revisamos el mapa y las señales del camino. Nada en la Biblia le impedía casarse con Bob. Ellos, habían orado mucho sobre tomar o no la decisión. Las circunstancias apuntaban hacia lo correcto del matrimonio. Pero ella empezó a perder la paz cuando pensó en que tenía que informarle a la madre de Charles lo que pensaba hacer. Así es que decidió tomarse un tiempo razonable antes de hacer la decisión. Y oró: «Señor, tú sabes que me quiero casar con Bob, pero no quiero que se haga mi voluntad sino la tuya. Si Charles está vivo, házmelo saber quitándome la paz».

Al final del tiempo que se había dado, su ansiedad había desaparecido y sintió la seguridad que su oración había sido contestada. Se casaron. Tres años después, ella recibió una notificación oficial en la que se le informaba que se había identificado el lugar donde había caído el avión de Charles y que traían los restos de este a Estados Unidos. Gracias a que tanto Joan como Bob habían buscado diligentemente la dirección de Dios, los hijos de Charles tuvieron un amoroso padrastro y dos hermanas que les ayudaron a superar aquella dolorosa experiencia.

¿Y QUÉ HAY CON EL «VELLÓN»?

Gedeón, uno de los antiguos jueces de Israel, se vio enfrentado a una tremenda decisión, probablemente la más grande de su vida. En el proceso, usó un «vellón» para que le ayudara a entender la voluntad de Dios (Jueces 6).

«Y Gedeón dijo a Dios: Si has de salvar a Israel por mi mano, como has dicho, he aquí que yo pondré un vellón de lana en la era; y si el rocío estuviere en el vellón solamente, quedando seca toda la otra tierra, entonces entenderé que salvarás a Israel por mi mano, como lo has dicho. Y aconteció así, pues cuando se levantó de mañana, exprimió el vellón y sacó de él el rocío, un tazón lleno de agua. Mas Gedeón dijo a Dios: No se encienda tu ira contra mí, si aún hablare esta vez; solamente probaré ahora otra vez con el vellón.

Te ruego solamente que el vellón quede seco, y el rocío sobre la tierra. Y aquella noche lo hizo Dios así; sólo el vellón quedó seco, y en toda la tierra hubo rocío» (Jueces 6:36-40).

¿Qué estaba haciendo Gedeón con su vellón? Estaba pidiendo una respuesta específica a través de una señal providencial que confirmara la dirección de Dios. En otros lugares de la Biblia encontramos a Dios haciendo señales providenciales. Ya hemos mencionado al siervo de Abraham, Eliezer quien fue en busca de la futura esposa de Isaac y encontró a Rebeca (Génesis 24). En este caso, la señal se dio inmediatamente que Eliezer terminó de orar y alzó la mirada porque allí estaba ella, la virgen que cumplía todas las exigencias que Eliezer había puesto como indicación que esta era sin duda su dirección específica.

¿DEBEMOS NOSOTROS USAR VELLONES?

Muchos cristianos han comprobado que usar un vellón es un método útil para convencerse que sin lugar a dudas han descubierto la voluntad de Dios. Otros sin embargo, rechazan esta técnica porque, como afirman acertadamente, los cristianos tenemos ahora recursos que Gedeón en su tiempo no tuvo. La Palabra de Dios puede guiarnos, la presencia del Espíritu Santo en nosotros puede guiarnos, y el consejo sabio de pastores y creyentes experimentados y piadosos pueden echar luz sobre asuntos y situaciones oscuros. Gedeón no tenía nada de esto. Pero en cambio, tenía una gran ventaja: Dios le hablaba en forma audible, como lo comprobamos con expresiones como «Entonces el Señor dijo a Gedeón».

Personalmente, no creo que Dios se preocupe mucho si usted usa o no la técnica del vellón, ya que no representa el único criterio usado para discernir su voluntad. Sin duda, millones de cristianos han encontrado la voluntad de Dios sin tener que usar el vellón. Y, por otro lado, muchos otros encontrarán el vellón indispensable. Estoy convencido de una cosa: «Ningún vellón justifica dejar a un lado la Palabra de Dios. Sea que Dios moje su vellón o lo deje seco, su dirección se conformará a los principios de su Palabra».

Nunca olvide que nuestro Padre celestial nos ama y se goza en guiarnos a hacer su voluntad. No nos vamos a meter en problemas si le pedimos a Dios que confirme su voluntad de una u otra forma, particularmente si seguimos algunas pautas sencillas. Un cristiano que usa sinceramente el vellón no será ni resistente a la voluntad de Dios ni rebelde. Quien usa el vellón no está haciendo otra cosa que tratar de verificar el programa divino y está comprometido anticipadamente a cumplirlo aún antes que haga la prueba del vellón. Así sucedió en el caso de Gedeón. No creo que él, haya tenido miedo que Dios se enojara porque le pidiera que mojara o dejara seco el vellón. La ira de Dios se manifiesta solo en aquellos que no quieren creer, que postergan las cosas innecesariamente, o en los rebeldes. Él nunca se enojará con aquellos que están sencillamente inseguros que están haciendo su voluntad. No debería usarse el vellón sin una cuidadosa reflexión y nunca debería transformarse en el factor principal en decidir cuál es la voluntad de Dios. Dejemos que nos sirva como un peso más de evidencias que una acción específica representa su voluntad para su vida.

ALGUNAS PAUTAS PARA USAR EL VELLÓN

Use el vellón con mesura. Nunca use la técnica del vellón como cosa de todos los días. Ande en el Espíritu y deje que sea él quien lo guíe en hacer las decisiones rutinarias en su vida.

Use el vellón con mucha oración. Eche mano del recurso del vellón solo después de mucha oración y búsqueda espiritual. Eliezer y Gedeón no actuaron a la ligera sino que antes de hacer esta prueba, oraron y se comunicaron con Dios.

Reserve esta prueba para las decisiones de mayor importancia según el Espíritu le guíe. Es probable que a lo largo de toda su vida no tenga que hacer más de veinte decisiones cruciales (con quién casarse, cambios en su actividad profesional, qué estudiar, etc.) Algunas de estas decisiones pueden hacerse sin recurrir a la prueba del vellón, pero cuando estamos forzados a hacer decisiones personales que van a afectar las vidas de otros, como ocurrió en los casos de Eliezer y Gedeón a veces tenemos que recurrir al vellón.

Use el vellón para confirmar la voluntad de Dios, no para conocerla. Mucho antes de pensar en recurrir a la prueba del vellón tiene que haber discernido la dirección general de Dios mediante su Palabra, el Espíritu Santo, paz en su corazón y las circunstancias de la vida. El vellón le puede ayudar a elegir una de dos buenas posibilidades o puede ayudarle a saber, más allá de toda duda, la voluntad específica de Dios en la materia de su interés.

Preocúpese que su vellón sea bien específico. Nunca debe existir ambigüedad o indecisión al recurrir a la prueba del vellón. Cuando Dios contesta a través de este medio, da una señal clara e inconfundible acerca de su voluntad y la forma en que se quiere revelar a usted.

EXPERIENCIA PERSONAL EN EL USO DEL VELLÓN

Mi esposa y yo hemos usado la prueba del vellón solo tres veces en nuestra vida: «Cuando nos casamos, cuando dejamos la iglesia de Minnesota y cuando dejamos la iglesia de California». Hemos buscado su voluntad cientos de otras veces, pero estas han sido las únicas circunstancias durante las cuales la buscamos por medio de la técnica del vellón.

En el caso del llamado a California, la respuesta de Dios fue tan específica que no podíamos dudar de su dirección. Había predicado dos sermones de prueba, el domingo por la mañana y por la noche; posteriormente me había reunido con varias juntas y otras personas. Al día siguiente volé a casa y le conté a Bev la experiencia. Le dije que las políticas de la iglesia exigían que el noventa por ciento de los miembros votaran a favor de una persona antes que la iglesia lo llamara para asumir el pastorado.

Queriendo conocer la voluntad perfecta de Dios, decidimos usar un vellón. Oramos y pedimos al Señor una señal específica. Si recibíamos el noventa y cinco por ciento de los votos, aceptaríamos el llamado; si recibíamos el noventa y cuatro por ciento o menos, continuaríamos en la iglesia de Minnesota. (No supe sino hasta después que la iglesia estaba tan dividida en muchas cosas que era un verdadero milagro si en cualquiera decisión se lograra un noventa por ciento.)

Un miércoles en la noche, después de la reunión de oración, George Hedlund, mi querido amigo y presidente de la junta de la iglesia de Minnesota vino a nuestra casa mientras su esposa Edna ensayaba en el coro. Él era la única persona que sospechaba que mi ausencia el domingo anterior se debía a que estaba postulando a un puesto en otra parte. Le conté resumidamente los acontecimientos del fin de semana, incluyendo la prueba del vellón. Cuando llegó

Edna, los cuatro oramos juntos pidiendo la perfecta dirección de Dios. Luego sonó el teléfono. Era Harwood Murphy, el presidente del comité de púlpito de la iglesia de California informándonos que la iglesia de San Diego había decidido llamarnos al pastorado. Quería conocer nuestra respuesta. Cuando le pregunté por el resultado de la votación, me dijo que había alcanzado el noventa y siete por ciento. ¡Ahí estaba la respuesta! Mientras los cuatro llorábamos y orábamos, reconocimos la fidelidad de Dios y su poderosa dirección en nuestras vidas.

Aunque nuestra oración utilizando la técnica del vellón no fue el único recurso que usamos para descifrar la dirección de Dios, esta confirmó gráficamente lo que ya sabíamos en nuestros corazones: «Que la iglesia de California era la voluntad perfecta de Dios para nosotros».

Si usted opta por la prueba del vellón, úselo con mesura, con mucha oración y para asuntos específicos. Recuerde que su Padre celestial está más interesado que usted en cuanto a ayudarlo a conocer su voluntad. Y mientras más busque conocer la voluntad de Dios más cerca estará de él y más dispuesto a hacer su voluntad.

NO DESPRECIE LA PRUEBA DE LA FE

Cada vez que usted se decida a hacer la voluntad de Dios, espere una prueba de fe. Muchos cristianos creen que andar por fe, en obediencia a la dirección del Espíritu Santo les garantiza un camino de rosas. Pero no es así. La mayor parte del tiempo es como caminar descalzos por un camino lleno de espinas.

En lo que leo en la Escritura, en lo que he visto en las vidas de otros y en la propia forma en que Dios trata conmigo, cada paso de fe es seguido por una prueba. Esta es una de las razones por la que necesitamos, antes que nada, asegurarnos de la voluntad de Dios para que cuando la prueba de fe llegue estemos disfrutando de la paz y la seguridad de estar haciendo su voluntad.

EJEMPLOS BÍBLICOS DE PRUEBAS DE FE

La Biblia está llena de ejemplos de personas piadosas que experimentaron una prueba de fe después que se decidieron a caminar en obediencia en la voluntad de Dios. Abraham, uno de los hombres más grandes del Antiguo Testamento, fue llamado a dejar Ur de los Caldeos y salir rumbo a la tierra que Dios le prometía. Dios le dijo: «Te bendeciré, y engrandeceré tu nombre... A tu descendencia daré esta tierra» (Génesis 12:2b, 7b). ¿Y qué pasó, entonces? Abraham obedeció a Dios, llevó a su familia a lo que ahora es Palestina y levantó un altar para adorar al Señor. Hablando desde la perspectiva humana, uno esperaría que la bendición de Dios empezara a manifestarse de inmediato. En lugar de eso, el pasaje continúa: «Hubo entonces hambre en la tierra, y descendió Abram a Egipto para morar allá; porque era grande el hambre en la tierra» (Génesis 12:10). Esta hambre, que afectó a cientos de personas y al ganado por los cuales Abraham era responsable, sometió a Abraham a una prueba de fe. ¿Confió Abraham en que Dios le supliría para sus necesidades o tomó el asunto en sus propias manos?

Desafortunadamente, Abraham falló en esta prueba de fe a que Dios lo sometió. Humillado, fue echado de Egipto. ¿Por qué? Porque no fue a Dios para recibir las instrucciones debidas. Como muchos de nosotros, tomó el asunto en sus propias manos. Pasó de vivir por fe a vivir por vista lo que le hizo extraviarse del camino de la voluntad de Dios.

A los israelitas también se les sometió a pruebas de fe. Cuando Dios los sacó de Egipto, les prometió guiarlos con una nube en el cielo durante el día y por una columna de fuego durante las noches. Los libró del ejército del Faraón separando el Mar Rojo y haciéndolos caminar por tierra seca. Cuando Faraón trató de perseguirlos, él y su ejército murieron ahogados. Pero no bien cruzaron el Mar Rojo, los israelitas fueron sometidos a una serie de pruebas de fe: «De los ejércitos de Faraón a aguas amargas».

El Nuevo Testamento ofrece experiencias similares. En Marcos 4 y 6, poco después que los discípulos habían visto y experimentado acontecimientos milagrosos, vieron su fe sometida a prueba mediante furiosas tormentas que se levantaron cuando estaban en el mar. En las dos ocasiones las tormentas estuvieron a punto de hacer naufragar la embarcación. Solo el poder sobrenatural de Jesús los salvó. Cuando Dios llamó a Pablo para que fuera a Macedonia a predicar el evangelio, él obedeció (Hechos 16:10). Pero muy pronto fue echado en una cárcel filipense (Hechos 16:23). La historia termina, como recordamos, con la dramática conversión del carcelero filipense pero este hecho no invalida totalmente la experiencia perturbadora con una muchedumbre enardecida, magistrados despiadados y un encarcelamiento injusto.

ESPERE LA PRUEBA

Muchos cristianos creen que si estamos haciendo la voluntad de Dios, nuestras vidas van a estar exentas de perturbaciones. No es eso lo que nos dice la Escritura. Una prueba después de una profunda experiencia de fe es tan común en la Biblia como en la vida diaria, así, que deberíamos esperarla. El escritor de los salmos nos dice: «Muchas son las aflicciones del justo» (Salmos 34:19). Y en el Nuevo Testamento, Jesús advirtió a un escriba que ofreció dedicar su vida a seguirle: «Las zorras tienen guarida, y las aves del cielo nidos; mas el Hijo del Hombre no tiene donde recostar su cabeza» (Mateo 8:20). Obviamente, él quería que sus seguidores supieran que la vida de alguien que es guiado por Dios, de un cristiano lleno con el Espíritu, incluirá sufrimientos.

La prueba ha llegado tantas veces a mi vida que cuando Bev y yo nos sentimos dirigidos a irnos a vivir a Washington, D.C. y abrir oficinas allí, presentamos el asunto en oración, esperando que esta vez la prueba pasara de largo. Le recordé al Señor que ya había iniciado catorce diferentes organizaciones y que cada una había sido seguida por una prueba de fe. Como ya había probado mi fidelidad, ¿no sería posible que esta vez se me eximiera de la prueba? ¡Pero no fue así! Él más bien reforzó el principio descrito en Santiago 1:3: «La prueba de la fe produce paciencia».

¿POR QUÉ DIOS PRUEBA NUESTRA FE?

¿Por qué nos prueba Dios? Evidentemente los cristianos que buscan la dirección de Dios y que andan por fe necesitan que esta sea probada. Es obvio que nuestro Padre celestial sabe que necesitamos la perseverancia y la paciencia que viene producto de esa prueba de fe. Quizás necesitemos ver a Dios en nuestras vidas de una manera diferente. Dios ha prometido estar con nosotros y vernos a través de nuestras pruebas, cualesquiera que ellas sean: «Dificultades financieras, problemas de salud, tensiones familiares, conflictos personales o incluso ataques de Satanás mismo».

El apóstol Pedro también ha dicho por qué Dios permite que los cristianos sufran o sean probados: que «el Dios de toda gracia... después que hayáis padecido un poco de tiempo, él mismo os perfeccione, afirme, fortalezca y establezca» (1 Pedro 5:10). La palabra *perfeccione* quiere decir «madurar». Parte de nuestro proceso de desarrollo se hace posible mediante el sufrimiento. Así como el hierro para que llegue a ser acero tiene que someterse a un calor intenso, así el cristiano, para llegar a ser maduro debe someterse al sufrimiento —a veces sufrimiento muy intenso— sea que nos guste o no.

¿CÓMO DEBEMOS RESPONDER A LA PRUEBA?

Cuando decida dar un paso de fe en obediencia a la voluntad de Dios y luego se encuentre metido en dificultades, no se desespere. Evalúe su dirección para asegurarse que no se ha extraviado en el proceso; si no hay ninguna duda de que está en la voluntad de Dios, experimentará la paz de Dios que llenará su corazón.

Los tiempos de prueba son tiempos de «tener sumo gozo» (Santiago 1:2). Apréstese a ver su fe y su paciencia fortalecidas y recuerde que Dios promete dar sabiduría a los que tienen falta de ella (Santiago 1:5). Este capítulo sugiere que Dios provee sabiduría especial a sus hijos cuando pasan por periodos de prueba.

Acepte las pruebas como evidencias que Dios tiene algo planeado para su futuro, algo que requiere una fortaleza adicional. No es fácil seguir a Cristo. Según el propio Señor: «Si alguno quiere venir en pos de mí, niéguese a sí mismo, tome su cruz cada día, y sígame» (Lucas 9:23) y «El que no lleva su cruz y viene en pos de mí, no puede ser mi discípulo» (Lucas 14:27).

Entonces, la adversidad que surge después que usted empieza a caminar en fe no indica que Dios ha dejado de dirigirle o que ya no está en su voluntad. No. La Biblia identifica esa situación como prueba de fe. Como lo dijo *Paul Little*: «Debemos evitar el error de creer que estamos seguros en la voluntad de Dios si todo es luna de miel y rosas, si no tenemos problemas o tensiones. Con frecuencia, cuando damos pasos de obediencia todo parece venirse abajo; es solo entonces cuando la confianza que estamos en la voluntad de Dios nos mantiene caminando hacia adelante».[8] De ahí la importancia de dedicar tiempo extra a establecer esa paz y confianza antes de dar pasos de fe. Manténgase en actitud de obediencia. Confíe en que él suplirá cada una de sus necesidades y no flaquee cuando venga la prueba de fe.

Mi Dios, pues, suplirá todo lo que os falta conforme a sus riquezas en gloria en Cristo Jesús (Filipenses 4:19).

LA INFLUENCIA DE SU TEMPERAMENTO EN LA BÚSQUEDA DE LA VOLUNTAD DE DIOS

La influencia humana más profunda en su vida, lo capte o no, es el temperamento que ha heredado. Transmitido por sus padres a través de sus genes en el tiempo de la concepción, su temperamento produce sus acciones y reacciones espontáneas, afectando sus gustos y antipatías e incluso muchos de sus prejuicios. Sus talentos básicos tanto como sus debilidades vienen de ese temperamento. En todo caso, entre el veinticinco y el treinta y cinco por ciento de su conducta es el resultado del temperamento que heredó.

A través de los años he escrito cuatro libros sobre el tema y he incluido un capítulo en por lo menos otros tres. Además, he ayudado a mi esposa cuando ha escrito dos libros sobre el mismo asunto: «Uno sobre la mujer y otro sobre la crianza de los niños». He dado más de seiscientas conferencias sobre el tema y he observado el efecto del temperamento mientras he dado consejería a miles de personas. Estoy más convencido de su influencia ahora que cuando comencé a estudiarlo hace veinticinco años. De hecho, he notado su creciente popularidad en la motivación, administración, sicología industrial y entrenamiento el ventas en el mundo secular. Varias pruebas de temperamento (o, como algunos le dicen, pruebas de personalidad) muy similares a las mías pueden ayudar a las personas a determinar su temperamento primario y secundario, sus puntos fuertes y débiles y sus aptitudes vocacionales. El Análisis de Temperamento LaHaye es el único que describe cómo superar nuestras debilidades a través de los recursos espirituales. Hasta ahora más de veinte mil personas han tomado este análisis y la mayoría de ellos han quedado satisfechos con los resultados.

Sin embargo, esta es la primera vez que he aplicado el temperamento de una persona al proceso de hacer decisiones en la vida; o, el efecto del temperamento de una persona en conocer la voluntad de Dios. Dados los recursos básicos con que Dios nos ha dotado: «La Palabra de Dios (nuestro mapa de ruta) y las señales como el Espíritu Santo, las circunstancias, los consejos de otros, etc., las personas con temperamentos diferentes procesarán la misma información en una manera diferente». Esto no quiere decir que van a llegar a conclusiones diferentes debido a su temperamento. Lo que ocurre es que van a llegar a las mismas pero por caminos diferentes. Algunas personas llegan a una conclusión en forma casi espontánea; otros clasifican las decisiones que tienen que tomar en la vida en gandes o pequeñas y nunca están seguros de estar eligiendo la mejor opción. Ambos tipos de personas pueden ser muy sinceros aunque sus temperamentos les hacen enfrentar el proceso de tomar una decisión por caminos que pudieren contraponerse.

Dejaré la descripción completa de los cuatro temperamentos a mis otros libros; ahora, sin embargo, ofreceré una descripción resumida.

LA TEORÍA DE LOS CUATRO TEMPERAMENTOS

La teoría de los cuatro temperamentos es la más antigua de la conducta humana. Aunque los cuatro fueron nombrados y delineados brevemente por Hipócrates unos cuatrocientos años antes de Cristo, quinientos años antes, Salomón describe cuatro clases de personas (Proverbios 30:11-14). Doscientos años después de Cristo, el Dr. Galán, un médico griego, clasificó los cuatro muy cuidadosamente en diez fuerzas y sus correspondientes debilidades. A través de los siglos, su trabajo básico se ha mantenido casi inalterable. Pocas personas, sin embargo, encajan completamente en una sola categoría. La mayoría son una mezcla de dos temperamentos, uno predominante y el otro secundario. Y mientras su temperamento secundario afectará en algún grado su proceso de toma de decisiones, su temperamento dominante influirá en las decisiones que haga. Intente hacer un diagnóstico sobre cuál de los siguientes temperamentos lo describe mejor a usted. Una vez que haya hecho la correspondiente interpretación, examinaremos los efectos de ese temperamento sobre sus decisiones. Recuerde que los primeros dos representan a los extrovertidos y los dos siguientes a los introvertidos.

El temperamento sanguíneo

Los sanguíneos son los más extrovertidos de todos los tipos, por eso se les podría llamar superextrovertidos. Los sanguíneos son habladores, abiertos, amistosos, afectivos, humorísticos y respondones. En efecto, difícilmente miraran a un extraño a los ojos sin reaccionar de alguna forma. Los sanguíneos son personas simpáticas que disfrutan al estar con otros y que viven una vida espontánea. Raramente se preocupan por el futuro o el pasado sino que extraen más placer del día presente que cualquier otro. Por lo general no son grandes pensadores. Los sanguíneos interpretan los acontecimientos de la vida a la luz de lo inmediato. A veces se meten en dificultades por no anticipar los resultados de sus decisiones o acciones. Sus sentimientos juegan un papel dominante en todo lo que se proponen llevar a cabo, sobre todo en las decisiones que tienen que ver con las emociones. A modo de principio, las decisiones emocionales son casi invariablemente malas decisiones.

El temperamento colérico

Los coléricos son igualmente extrovertidos, pero por lo general no al grado de los sanguíneos superextrovertidos. Los coléricos son activos emprendedores, ejecutivos, animadores y motivadores de otras personas. De convicciones firmes, independientes y expresivos, los coléricos tienden a ser intransigentes. Es difícil hacer compromisos con ellos, a menos que vean que les ayudará en sus propios fines. Se ponen metas para todo, desde ejercicios físicos hasta la conducta de los niños. Asumen responsabilidades en forma natural y disfrutan mandando a los que les rodean sean personas que les agradan o no. Los coléricos tratan de nunca perder el control de una situación y les va bien en la oposición. La parte menos desarrollada de su naturaleza son sus emociones. Obtener su aprobación es casi imposible. Para los coléricos toda su pasión es lograr las metas que se proponen y algunos ganan en reputación al usar a los demás.

El temperamento melancólico

Aunque son los últimos en reconocer sus propias virtudes, los mejor dotados de todos los temperamentos son los melancólicos. Introvertidos por naturaleza, a menudo tienen un alto QI (cociente de inteligencia) y una profunda naturaleza estética lo que los capacita para apreciar las artes más que los otros temperamentos. Los melancólicos tienden a deprimirse y se desaniman con facilidad. Perfeccionistas por naturaleza, con frecuencia se desprecian innecesariamente por no hacer las cosas mejor cuando en realidad su productividad supera a la de los otros temperamentos. Tienen tendencia a autosacrificarse, son serios y los atemoriza pensar en el fracaso. Nadie sufre más con las actitudes negativas y las críticas tanto en ellos como en otros. Justos por naturaleza, se emocionan ante un desafío o una visión que valga la pena pero rara vez los producen ellos mismos. Esta es la razón por qué muchos melancólicos han encontrado gozo y satisfacción en dedicar sus vidas a Jesucristo y al trabajo de su Reino. En mi libro *Transformed Temperaments* digo que Dios usó en la Biblia a más melancólicos que a personas de los otros temperamentos juntos. Funcionan mejor cuando se entregan a objetivos más grandes que ellos mismos. El cristianismo y su perspectiva eterna les ofrece esa clase de desafío de por vida.

El temperamento flemático

Los flemáticos son lentos, calmados, despreocupados, introvertidos supertranquilos. Nunca pierden el control ni se complican la vida por hablar demasiado ni tienen que pedir perdón por algo inconveniente que dijeron. Raramente dan a conocer ideas o sentimientos, a menos que estén seguros que no van a herir u ofender a otra persona. Los flemáticos son personas extremadamente agradables. Tienen una predisposición tranquila y feliz. Muchos son muy divertidos debido a que poseen un sentido agudo del humor. Diplomáticos y pacificadores por naturaleza, gozan del amor de los niños. No les cuesta hacer amigos ni esfuerzo expresar camaradería. Dos de sus principales aspectos negativos son el miedo y el egoísmo a pesar que expresan estos rasgos tan diplomáticamente que aun algunos de sus más íntimos amigos no los perciben. Aunque los flemáticos son competentes por naturaleza, su nivel de actividad es bajo. Su indecisión y su tendencia a ser espectadores puede limitar su crecimiento y productividad.

EL TEMPERAMENTO Y EL ESPÍRITU SANTO

Mi contribución al campo del estudio de los temperamentos ha sido aplicar la vida llena del Espíritu a los diferentes matices de temperamentos. Esto ha permitido a muchos cristianos superar sus debilidades a través del ministerio del Espíritu de manera que Dios puede usar sus talentos al máximo. No tenemos espacio en este libro para cubrir ese importante aspecto, pero le sugiero que revise mis otros libros sobre este tema. A través del Espíritu Santo, Dios ha provisto enormes recursos que le capacitan para llegar a ser todo lo que él ha programado que usted sea.

En realidad, él es el mejor motivador de temperamentos y de personas. Por eso es que insisto en que dos de los factores más importantes de nuestra conducta son el temperamento que hemos heredado y la motivación del Espíritu Santo. He observado a muchos sanguíneos indisciplinados, a coléricos crueles, a melancólicos hoscos y a flemáticos pasivos llegar a ser personas llenas con el Espíritu Santo experimentando una metamorfosis increíble. La transformación fue literalmente el resultado del poder de Dios trabajando sobre sus debilidades. Recuerde, usted no puede cambiar su temperamento. Como el color de sus ojos, su cociente de inteligencia, el tamaño de su cuerpo, y otras características producidas genéticamente, su tem-

peramento básicamente sigue siendo el mismo porque es el resultado de los genes de sus padres en el momento de la concepción. Pero
el Espíritu vencerá gradualmente a su debilidad permitiendo que
Dios use sus talentos y habilidades que él ha puesto dentro de usted
con el resultado del fortalecimiento del temperamento. Y él lo usará
al máximo *si* anda diariamente en el Espíritu y *si* se identifica y obedece la perfecta voluntad de Dios para su vida.

PROBLEMAS DE TEMPERAMENTO PARA CONOCER LA VOLUNTAD DE DIOS

La vida es el resultado neto de las decisiones que usted hace. Si
ha usado el mapa de ruta y las señales descritas en este libro en lugar de seguir sus propias tendencias naturales, sin duda que está disfrutando ahora mismo del lujo de operar dentro de la voluntad perfecta de Dios. Pero si las decisiones más importantes de su vida las
ha hecho sobre la base de su temperamento natural lo más probable
es que su vida esté complicada. O, como muchos cristianos, quizás
seguido un poco de ambos, lo que significa que usted está confron-
tado con hacer lo que es aceptable a Dios o la buena voluntad.

El análisis siguiente le mostrará lo peligroso de cada temperamento. Trate de encontrar en esta descripción su temperamento
dominante.

Los sanguíneos al momento de tomar decisiones

Los sanguíneos son en extremo personas espontáneas. Además,
son totalmente sensitivos a las emociones lo que los hace llorar con
mucha facilidad, amar rápidamente y arrepentirse con frecuencia. Su
naturaleza inquieta los hace meterse en cosas sin medir las consecuencias la cual no los deja pensar. Reaccionan a la primera invita-
ción a moverse sin evaluar lo que esto implica.

Como ministros, los sanguíneos hacen un buen trabajo de evangelización y en dos o tres años habrán levantado una iglesia pero
pronto perderán interés y querrán irse a otro lugar. Cuando se les
abre una puerta, tienden a entrar velozmente por ella sin esperar en
el Señor. Eso quizás explique por qué los sanguíneos se cambian de

iglesia cada tres años.

Los laicos sanguíneos, tienden a repetir el mismo proceso: «Van de trabajo en trabajo y de ciudad en ciudad, desorganizando continuamente las vidas de sus familias». Adolecen de un desasosiego natural en cuanto al liderazgo de Dios. A menudo son movidos por un ego inmenso lo que los hace ver erróneamente grandes oportunidades como llamados divinos.

Los sanguíneos necesitan disciplinarse en particular cuando toman decisiones importantes. Deben evitar las decisiones apresuradas, analizar con cuidado cualquier plan y confiar en Dios. Necesitan aprender a tomar las cosas con calma inclusive cuando crean que tal o cual cosa es la voluntad de Dios. Necesitan esperar, confiar que Dios mantendrá la puerta abierta hasta que estén seguros que la decisión es la correcta.

Como hemos visto, parte del propósito de Dios al confrontarnos con decisiones es ayudarnos a acercarnos más a él y así enriquecer nuestras vidas espirituales. Los sanguíneos por lo general carecen de profundidad espiritual no solo porque son deficientes en cuanto a disciplina sino porque se apresuran a tomar decisiones sin pasar el tiempo adecuado con Dios para enriquecer sus almas.

Los sanguíneos son particularmente vulnerables cuando toman decisiones con el corazón porque son demasiado emocionales y dominados por los sentimientos. Les es fácil guiarse por el slogan: «Si te hace sentir bien, hazlo», o «Si te parece que está bien es porque tiene que estar bien». Pero los sentimientos suelen ser engañosos. Muchos sanguíneos no se habrían casado con quienes lo hicieron si hubiesen consultado el mapa de Dios y leído las señales del camino en lugar de hacerle caso a sus corazones.

Los sanguíneos son «emocionales» y esto puede meterlos en problemas en nuestra cultura orientada sexualmente. Aunque todos los temperamentos tienen problemas con la carne, los sanguíneos violarán sus valores morales más rápidamente que los otros tipos y luego tomarán decisiones cuando estén alejados de Dios. Todos los temperamentos necesitan ser muy cuidadosos en cuanto a andar en santidad durante el proceso de tomar decisiones de tal modo que puedan seguir la dirección de Dios en lugar de sus propias glándulas. Los sanguíneos que toman decisiones deben moverse lentamente durante el proceso en que lo hacen, pasar tiempo extra estudiando la Biblia y orando, hablando con sus amigos y en espera de la paz que sobrepasa todo entendimiento.

Si esperan en él, el sanguíneo tiene un potencial sorprendente para servir a Dios. Si usted es uno de ellos, practique el autocontrol. Evite las típicas estampidas de trabajo, generadas por decisiones hechas emocionalmente con lo cual limitan el uso que Dios quiere hacer de su vida. Ponga atención a lo que Dios le dice al salmista: «Estad quietos, y conoced que yo soy Dios» (Salmos 46:10). «Aguarda a Jehová; esfuérzate, y aliéntese tu corazón; sí, espera a Jehová» (Salmos 27:14).

Los coléricos al momento de tomar decisiones

Tan pronto como los coléricos aceptan a Cristo se enfrentan a un problema difícil: «Aprender a andar en obediencia al mapa de Dios, la Biblia». Francamente, los coléricos de fuerte personalidad prefieren confiar en ellos mismos que someterse en obediencia. Parafraseando al profeta, necesitan aprender a vivir no por la firmeza y el poder de su condición de coléricos, sino por el Espíritu Santo de Dios.

Aunque por naturaleza son prácticos y resueltos, necesitan buscar la dirección de Dios en lugar de depender en demasía del sentido común. Ellos me dicen: «Pido la ayuda de Dios solo para las decisiones grandes de la vida porque yo soy capaz de arreglármelas con las cosas rutinarias». Desafortunadamente, pareciera que para ellos las decisiones grandes son si los Estados Unidos van a salirse de las Naciones Unidas o si va a declarar la guerra a algún enemigo, cosas en las cuales no pueden hacer ninguna contribución en forma directa. En otras palabras, raramente piden a Dios su dirección en cuanto a sus propias vidas sino que descansan en sus propias habilidades.

Otra dificultad de los coléricos es su fuerte tendencia a ser independientes y autosuficientes. En consecuencia, ellos rara vez piden consejo a sus amigos. Como tienen gran confianza en su capacidad para tomar decisiones, por lo general no preguntan a otros que pudieran estar en una posición que los haga ver las cosas con mayor objetividad.

Cuando surgen las dificultades, los coléricos tienden a bajar la cabeza y a arremeter. En consecuencia, en lugar de reconocer cuando han cometido un error y corregir el curso de las cosas, siguen hacia adelante sin pensar, confiando en la fuerza bruta y en su resistencia en lugar de en la dirección divina. Más que cualquier otro temperamento, los coléricos insistirán en hacer calzar un cuadrado en un círculo y luego esperarán que Dios bendiga sus esfuerzos.

Desafortunadamente, a menudo los coléricos disfrutan trabajando *para* Dios más que pasando tiempo con él. Ellos necesitan aprender a «deleitarse en Jehová» (Salmos 37:4). Porque si aprenden a someter sus voluntades a Dios, él podrá usarlos poderosamente. Cambiar su ambición de alcanzar metas en una herramienta útil para construir su reino. Cuando sus voluntades se someten a Dios, su tenacidad y energías se transforman en una fuerza positiva. Los coléricos necesitan confiar en el Señor y no en sus propias habilidades. Como los sanguíneos, deben dedicar el tiempo de tomar decisiones a leer y estudiar la Biblia, orar y buscar la dirección de Dios. A rendir conscientemente sus voluntades a él. Los coléricos pueden hacer grandes cosas para Dios *si* siguen su plan en lugar del plan de ellos, reconociendo el principio: «Si Jehová no edificare la casa, en vano trabajan los que la edifican» (Salmos 127:1a).

Los melancólicos al momento de tomar decisiones

Para estos, el momento de las decisiones —todas las decisiones— es traumático. Dudan entre aceptar o rechazar, aprobar o censurar, estar de acuerdo o disentir. Aun cuando procedan correctamente, raramente disfrutan de la paz de Dios. Un cristiano ansioso tendrá siempre dificultades para conocer la voluntad de Dios. ¿Por qué? Porque la ansiedad hace muy difícil leer las señales del camino a la luz de la Palabra de Dios.

Analíticos por naturaleza, los melancólicos pueden diseccionar cada aspecto de una decisión más ampliamente que cualquiera otro.

Aunque tengan necesidad de alcanzar una meta importante, van a ocuparse no solo del examen de cada escollo, dificultad o problema potencial que *pudieren* encontrar en el camino, sino una cantidad de otras que posiblemente nunca aparezcan. Si los melancólicos hacen un trabajo común y corriente algo imposible por anticipar dificultades, imagínese lo que harán frente a problemas realmente difíciles.

Una enfermera de treinta años de edad, de novia durante dos años con un cristiano con el cual estuvo saliendo hacía cinco vino a verme. Había leído todos mis libros y estaba familiarizada con mi ejemplo de los dos predicadores melancólicos que no estaban seguros si debían casarse con las mujeres con las que finalmente se casaron. (Una de las parejas había fijado fecha ocho veces, mandado invitaciones dos y cancelado la boda en ambas ocasiones. El otro pastor, que había sido un destacado jugador de fútbol americano solo había roto su compromiso cinco veces.) La enfermera, a siete semanas de su boda, no estaba segura si casarse o no. «No tengo la paz que debo tener en cuanto a esto», me dijo. Admitió que si ella y su futuro esposo se hubieran casado cuatro años atrás no estaría ahora tan preocupada. Examinamos las diversas señales de ruta y pasajes de la Escritura y logramos resultados, salvo una cosa: «Que ella tuviera paz». Cuando le pregunté si alguna vez había sentido paz por alguna cosa, me dijo que creía que no.

Para ella, tomar una decisión era motivo de dudas, de lucha, de perplejidad, de incertidumbre y agonía personal. Después que le mostré su actitud de ansiedad permanente, sometimos el matrimonio a Dios y le pedimos que en las próximas semanas él le mostrara de alguna manera si debía casarse o no. La animé a que memorizara Filipenses 4:6-7 y practicara la oración de acción de gracias en lugar de la de ansiedad. Ella oró: «Padre celestial. Te doy gracias porque me puedes guiar para tomar la decisión correcta y porque sé que me amas tanto que no dejarás que haga una decisión equivocada. Dame fe para manejar mis temores». Y él lo hizo. Hoy día están casados.

¿Recuerda la historia del capítulo 1 sobre Tom, el joven pastor que no podía decidirse a contraer matrimonio con la consejera de jóvenes? La indecisión de Tom también fue afectada por su temperamento melancólico. Cuando Tom y yo hablamos del problema, pusimos atención en las señales de ruta. Todo se ajustaba perfectamente, a excepción de la paz. Sentía paz solo porque sabía que faltaban varios meses para la boda, pero a medida que el día se acercaba, la paz parecía evaporarse. Mientras más hablábamos él y yo, más me convencía que su falta de paz era producto de su temperamento melancólico y no de una señal de Dios de que no se casara. Bajo estas circunstancias, le dije que ignorara la señal. Le dije: «La próxima vez que sientas deseos de casarte con ella, no mandes invitaciones; sencillamente llévatela a Yuma y cásense».

Volví a San Diego y me olvidé del asunto. Seis meses después recibí una postal de Yuma, Arizona, con estas palabras: ¡HICIMOS COMO NOS DIJO! Cuando varios meses más tarde me encontré con Tom, me dio un gran abrazo y me dijo: «¡Cómo me hubiera gustado que alguien me hubiese dicho cinco años antes lo que usted me dijo que hiciera!»

Raramente los melancólicos se apresuran en sus decisiones. En lugar de eso, estiran las cosas en forma interminable. Nada es peor para la estabilidad emocional que las indecisiones. Se debe tomar tiempo en examinar con mucho cuidado el mapa y las señales, pero cuando se encuentra la ruta segura, acepte que Dios le está dirigiendo y tome su decisión. Una vez que lo haya hecho, Dios le dirá si hizo bien o tomó una decisión equivocada. Usted debe confiar en la paz de Dios, pero no puede confiar en la ansiedad de su espíritu humano.

Los melancólicos, más que cualquier otro tipo de temperamento, acuden a la Palabra de Dios y a sus rodillas en tiempo de incertidumbre o adversidad y eso es garantía segura para cualquier temperamento. Para ellos, el tiempo de tomar decisiones se transforma en un tiempo de profundo crecimiento espiritual. También los melancólicos son más propensos a acudir a otros buscando consejo lo cual es una ayuda extraordinaria si acuden a consejeros bien informados y motivados espiritualmente.

El mejor consejo que yo puedo dar a los melancólicos es que pasen tiempo cada día con la Palabra, que oren con acción de gracias y que le pidan a Dios que les fortalezca su fe. Deberían hacerse expertos en acudir a Dios en lugar de los problemas evaluados por una mente analítica y con tendencia al miedo. Por supuesto, se requiere ser realista sobre los problemas potenciales, pero hay que evitar que la ansiedad crezca hasta dimensiones desproporcionadas. ¿Recuerda a los espías de los israelitas? Tuvieron una visión de langosta. Los habitantes de Canaán les parecieron gigantes tan grandes, que ellos se consideraron pequeños como insectos. Por otro lado, Josué y Caleb vieron a los mismos gigantes, pero a diferencia de los otros, los vieron a través de los ojos de la fe. En lugar de quejarse o lamentarse, dijeron al pueblo de Israel que no tuvieran miedo porque el Señor estaba de su lado. Una confianza así no tarda mucho en reducir a cualquier gigante a un tamaño manejable.

Los melancólicos son perfeccionistas por naturaleza. Si no pueden dar una respuesta completa y perfecta, tienden a no dar ninguna. No entienden que al guiarnos a hacer su voluntad perfecta, Dios demanda un elemento de fe. Cuando las señales del camino y la Palabra de Dios están de acuerdo, deberían atreverse a dar pasos de fe a menos que Dios los guíe en otro sentido en una manera clara e inequívoca. Si buscan sinceramente hacer la voluntad de Dios, él les revelará cómo. El Señor prometió: «El que quiera hacer la voluntad de Dios, conocerá si la doctrina es de Dios, o si yo hablo por mi propia cuenta» (Juan 7:17).

Aunque este pasaje se refiere a la deidad y a la soberanía de Jesús, explica cómo Dios guía a los que están realmente comprometidos a hacer su voluntad.

Los flemáticos al momento de tomar decisiones

El lado práctico de los flemáticos apacibles y tranquilos tiende a simplificar el proceso de toma de decisiones en la vida. Pero una vez que conocen la voluntad de Dios, a menudo les falta la fe para cumplirla. Han sido bendecidos con un sentido de objetividad acerca de los problemas de otras personas y están en condiciones de ofrecer consejos sanos a sus amigos, pero un sentido obsesivo de autoprotección y duda sobre involucrarse o no en los problemas de otros los hace dudar y preocuparse por las consecuencias casi más que lo que ocurre con los melancólicos. Cuando los flemáticos examinan lo que implica tal o cual decisión y cómo el propósito de Dios los afectará a ellos, pierden su objetividad.

Siempre me causa dolor pensar que los flemáticos tienden a ser personas egoístas, en cuanto a dar amor, a darse ellos mismos, a dar de lo que tienen y dar algún tipo de servicio. Por eso, cualquiera decisión para hacer algo está encubierta por un complicada resistencia a hacerlo. Debido a que tienden a ser tercos, más resistencia ofrecen mientras más tratan de empujarlos a hacer esto o a aquello. En consecuencia, pueden llegar a rechazar el consejo de amigos bien intencionados.

Los flemáticos nunca se opondrán abiertamente a hacer la voluntad de Dios, pero se resistirán a dar los pasos necesarios en tal sentido. A menos que estén profundamente rendidos a hacer su voluntad sin importarles el costo, van a rechazar una reacción positiva más diplomáticamente que cualquiera de los otros temperamentos.

La preocupación de los flemáticos por autoprotegerse les impedirá tomar muchas decisiones. Como pastor de una iglesia por varios años, descubrí que para los flemáticos es difícil hacer públicas sus decisiones espirituales. Muchos asistían a la iglesia durante bastante tiempo y estaban seguros que ese era el lugar en que Dios los quería tener a ellos y a sus familias, pero solo ante la insistencia de otros miembros de la familia darían los pasos públicos necesarios para llegar a ser miembros.

Los flemáticos necesitan examinar sus motivos cada vez que van a tomar una decisión. Si las señales del camino lo confirman aún así dudarán, por eso se preguntarán: «¿Estoy resistiendo por temor a las consecuencias o me estoy autoprotegiendo en lugar de servir a Dios?» Necesitan quitarse la cubierta de sobre protección, abandonarse a la voluntad de Dios y orar: «Señor, ¿qué quieres que haga?» Él no ha salvado a ninguno de nosotros para que seamos flores de adorno sino herramientas en sus manos para alcanzar a otros.

Si desea información gratuita sobre cómo hacer un test completo que le dará sugerencias positivas ante los puntos débiles de su temperamento, escriba a: LaHaye Temperament Analysis, P.O. Box 2700, Washington, D.C. 20013-2700

QUÉ HACER CUANDO
LE FALLE AL SEÑOR

Los cristianos no son perfectos. Hasta los mejores pecan. Es idealista y no realista esperar que la vida sea de otra manera, particularmente en nuestra cultura confusa y complicada. Y no estoy simplemente aludiendo a lo complejo de la vida en esta era altamente tecnificada que ha hecho que el proceso de tomar decisiones sea aun más complicado de lo que ha sido a lo largo de la historia de la humanidad. También incluyo la política pública atravesada que ha puesto a la moralidad pies para arriba hasta el punto que cada cosa que se consideraba mala hace solo una generación hoy es considerada aceptable. Nuestra sociedad aprueba la fornicación, el adulterio y la perversión hasta el punto que quedar embarazada en la adolescencia o contraer el SIDA, no es preocupación. La inmoralidad del homicidio fue legalizada por los siete miembros de la Corte Suprema cuando el aborto fue hecho una opción para los que pecan. Literalmente estamos gastando billones de dólares tratando de ayudar a la gente a escapar de las consecuencias de su pecado.

Pero aun antes que el código moral de Dios fuera invertido por la política pública, ser cristiano no garantizaba una vida perfecta o una decisión adecuada. Esto es tan raro como encontrar a alguien que no haya pecado después de hacerse cristiano. Me vienen a la mente dos personajes de la Biblia. Daniel y María, la madre de Jesús. No hay personaje en la Biblia, desde Adán hasta Juan el discípulo que no haya «explotado» en algún momento de su vida.

De modo que nadie se sorprenda si una mañana, al despertar, descubre que sus buenas intenciones se han vuelto pensamientos y acciones inconvenientes. La mala noticia es que alejarse del camino de la voluntad de Dios puede resultar muy costoso, ya que la Escritura dice que «el camino de los transgresores es duro» (Proverbios 13:15). La buena noticia es que Dios no ha terminado con usted. Todavía tiene un plan para su vida e incluso ha provisto los medios para que usted pueda encontrar el rumbo a la avenida de su perfecta voluntad.

ALGUNOS QUE FALLARON

Muchos de los más grandes siervos de Dios se equivocaron miserablemente en algún momento de sus vidas, pero Dios los perdonó y los restauró. Sin embargo aunque se arrepintieron de sus pecados, fueron perdonados y renovados, su desobediencia les costó bastante caro.

Ya vimos que Abraham pecó cuando enfrentado con la inminente hambruna en la tierra que Dios le había prometido se fue a Egipto. Allí mintió acerca de su esposa tratando de hacerla pasar por su hermana. Pero después de haberse arrepentido, Dios lo usó como padre de muchas naciones.

David, el segundo rey de Israel, es un notorio ejemplo de fracaso debido a que su colapso moral fue completo. Pero después de mucho sufrimiento y de reconocer su culpa, David se arrepintió y se volvió a Dios, quien lo usó para guiar a la nación durante muchos años.

El profeta Jonás se rebeló contra el llamado específico de Dios de ir a Nínive a predicar un mensaje de arrepentimiento y juicio contra ese pueblo. En lugar de obedecer, el odio de Jonás contra esa nación superó su espíritu de obediencia y deliberadamente abordó una nave que iba a Tarsis. Como resultado, Dios envió su juicio en forma de una tormenta. A Jonás lo lanzaron por la borda, fue tragado por un gran pez y finalmente el pez lo vomitó en la playa. Solo aquí estuvo dispuesto a obedecer a Dios, fue y con valentía y arrojo proclamó su mensaje a los ninivitas y fomentó un avivamiento que dio como resultado que toda la ciudad se volviera a Dios.

El Nuevo Testamento está lleno de historias parecidas: Pedro, que negó al Señor; Pablo, que tozudamente insistió en ir a Jerusalén; Juan Marcos, que abandonó a Pablo y Bernabé en el primer viaje misionero; y muchos otros.

Tanto los registros bíblicos como la historia de la iglesia dan fe del hecho que Dios es «el Dios de las segundas oportunidades». Eso no quiere decir que a él le importe poco el pecado. Pero a menos que cometamos «el pecado de muerte» de que nos habla 1 Juan 5:16, lo cual parece referirse a una prolongada rebelión y pecado flagrante contra la voluntad de Dios, podremos ser perdonados y restaurados. Si usted ha fallado en una decisión importante, probablemente no va a estar en condiciones de completar la voluntad perfecta de Dios para su vida. Pero como ya hemos señalado, todavía puede cumplir su voluntad buena o aceptable.

Un ministro muy prominente cometió adulterio. Después que fue descubierto, renunció al pastorado en su iglesia. Al igual que David, se arrepintió sinceramente de su pecado. Aunque Dios lo ha usado en forma efectiva en varias áreas, todavía no ha podido (después de cinco años) encontrar una iglesia que quiera llamarlo como pastor a pesar de ser un excelente predicador. Solo Dios sabe si volverá alguna vez a pastorear una iglesia.

Desafortunadamente, hay muchas tragedias así en el día de hoy, y no sé de nadie que haya sido restaurado a la voluntad perfecta de Dios. Y sin duda eso causa dolor y frustración a muchas personas, si se han arrepentido realmente, Dios recoge los pedazos de sus vidas y sigue usándolos, pero en una capacidad diferente.

DESOBEDIENCIA Y REBELDÍA

Decidirnos a seguir nuestra propia voluntad en lugar de hacer la voluntad de Dios es rebeldía y desobediencia. Y para Dios esto no es un pecado sin importancia. La Biblia nos dice que «como pecado de adivinación es la rebelión» (1 Samuel 15:23a). Ese es un cargo serio. En el Antiguo Testamento la adivinación o hechicería era un pecado gravísimo.

Hoy día, la rebeldía deliberada es evidente en muchos cristianos.

Una señora en una de mis clases de Biblia decidió no volver porque no le gustó lo que dije. Cuando me escuchó afirmar que obedecer la voluntad de Dios es la clave de la felicidad y que la desobediencia es el camino para la infelicidad, se molestó. ¿Por qué? Porque forma parte de esta generación autoindulgente que espera que un Dios amoroso y benevolente pase por alto los pecados de sus hijos y no tome en cuenta su comportamiento voluntarioso. Es solo cuestión de tiempo que una persona así destruya o limite su vida como un instrumento en las manos de Dios, a menos que se arrepienta.

CONSECUENCIAS POR DESOBEDECER LA VOLUNTAD DE DIOS

Dios no pasa por alto nuestra desobediencia a su voluntad. En lugar de eso, porque nos ama, nos castiga con juicio. El Nuevo Testamento nos dice: «Es verdad que ninguna disciplina al presente parece ser causa de gozo, sino de tristeza; pero después da fruto apacible de justicia a los que en ella han sido ejercitados. Por lo cual... haced sendas derechas para vuestros pies... seguid la paz con todos, y la santidad, sin la cual nadie verá al Señor» (Hebreos 12:11-14). Si en verdad somos cristianos, Dios nos disciplina cuando nos salimos de su voluntad.

Dios no solo nos castiga a través de su juicio sino también a través de las consecuencias naturales de nuestro pecado. Cuando desobedecemos, tenemos que vivir con las consecuencias naturales de nuestras acciones. Por ejemplo, Becky, la joven mencionada en el capítulo 1, estaba sufriendo las terribles consecuencias de un embarazo antes del matrimonio. Dick, el marido infiel mencionado en el capítulo 1, vivió con las consecuencias de su adulterio aún después de su arrepentimiento. Vivía presa del miedo, temiendo que en cualquier momento su esposa se diera cuenta de su infidelidad. Temía que su «compañera de pecado» divulgara el secreto y la historia llegara a oídos de su esposa. Este miedo contribuyó a su primer ataque de impotencia masculina, un alto precio por su pecado. Dos hombres a los que he aconsejado dijeron que sus primeros actos de infidelidad resultaron en herpes, una enfermedad venérea incurable. Ambos se libraron del juicio de Dios al arrepentirse, pero no han podido eludir el efecto físico y las consecuencias de su enfermedad en sus relaciones maritales.

En su excelente librito *Knowing the Will of God & Doing It*, el Dr. Grant Howard se refiere a algunas consecuencias naturales de desobedecer a Dios.

Cuando no comemos la comida correcta, no descansamos lo suficiente o dejamos de hacer ejercicios tenemos problemas físicos. Las bebidas alcohólicas y las drogas nos pueden afectar física, mental y emocionalmente incluso hasta el punto de hacernos adictos a ellas. Cuando guardamos para nosotros cosas que debemos compartir con otros sufrimos los problemas emocionales producidos por la supresión. Rara vez sufrimos solos. Nuestros pecados tienen consecuencias de segunda mano que afectan las vidas de otras personas. Pérdidas de trabajo, hogares destruidos, relaciones dañadas, accidentes automovilísticos y otras desgracias afectan a muchos otros aparte de a nosotros mismos. Dios ha establecido en el mundo las relaciones causa y efecto, que son las consecuencias naturales que inevitablemente ocurrirán. Cuando violamos las leyes naturales o tratamos de burlarlas, pagamos las consecuencias. La Palabra no nos dice mucho sobre los efectos naturales de un mal comportamiento; más bien enfatiza lo que son acciones malas. Pero la experiencia nos dice mucho sobre esto y hemos visto por nuestro estudio sobre el sentido común que Dios espera que aprendamos de nuestra experiencia.

Hay *sentimientos de culpa*, los cuales son muy poco agradables. Y a veces absolutamente innecesarios. Si los produce un legalismo no bíblico o por no darnos cuenta que somos justos (no culpables) en Cristo; entonces la persona está batallando con sentimientos innecesarios. Pero si el creyente ha decidido consciente y voluntariamente violar la verdad que él entiende, entonces se va a sentir mal. Si no lo hace debería, como dice Santiago: «Afligíos, y lamentad, y llorad. Vuestra risa se convierta en lloro, y vuestro gozo en tristeza (Santiago 4:9). Esta es la pena constructiva, producto del arrepentimiento genuino. Pablo habla de esto en 2 Corintios 7:9, 10.

En Salmos 32 vemos por la experiencia de David que los sentimientos de culpa pueden ser extremadamente desagradables. El Servicio de Rentas Internas de los Estados Unidos puede dar fe de esto mismo, ya que esa oficina recibe cada año miles de dólares de ciudadanos que engañaron en sus declaraciones de impuestos y que no pueden seguir viviendo con ese sentimiento de culpa.

Para el cristiano es la Palabra de Dios aplicada por el Espíritu Santo que los hace conscientes de lo que está mal en su vida. Efesios 6:17 dice que la espada del Espíritu es la Palabra de Dios, y 2 Timoteo 3:16 nos informa que la Palabra es útil para redargüir, para corregir. Así, cuando hemos violado la Palabra de Dios, él nos hace estar conscientes de tal acto y esa conciencia trae las consecuencias desagradables de los sentimientos de culpa. La única forma de luchar adecuadamente con esto es la confesión, a Dios y al hombre.[9]

LA IMPORTANCIA DEL TIEMPO EN DESOBEDIENCIA

Cuando nos alejamos de la voluntad de Dios, necesitamos ser restaurados. Y la clave para hacerlo a la perfecta voluntad de Dios es *tiempo*. Es decir, si usted deja pasar demasiado tiempo entre el pecado y el arrepentimiento, puede causar tal daño a su vida que nunca más vuelva a hacer la perfecta voluntad de Dios. Todos los días hacemos elecciones y decisiones. Por lo tanto, mientras más tiempo pasemos en rebelión a la voluntad de Dios más decisiones erróneas haremos lo cual aumentará la dificultad de ser restaurados a tiempo para cumplir su perfecta voluntad.

Además, durante los primeros días de pecado, nuestra conciencia es más fácil de estimular, lo que se traduce en que somos más conscientes que nuestra relación con Dios está dañada. A medida que el tiempo pasa, sin embargo, la conciencia se encallece y nos hacemos sordos al llamado del Espíritu. Incluso algunos cristianos tratan de justificar su pecado a pesar de lo clara que es la Biblia sobre el asunto. Al principio no era así, pero gradualmente el llamado del Espíritu Santo de Dios se fue aminorando. Cuando Dios considera que el tiempo es suficiente, alza su mano en juicio. Finalmente, oímos su voz o sufrimos su castigo.

Por tal razón, lo animo a que use estos pasos de restauración tan pronto como descubra que está violando su voluntad.

SIETE PASOS PARA LA RESTAURACIÓN

Paso 1: Enfrente su desobediencia como lo que es: pecado

Falta de voluntad para enfrentar el pecado es uno de los pecados más antiguos. Cuando Dios confrontó a nuestro padre Adán con su desobediencia en el Jardín del Edén, este argumentó que la mujer que Dios le había dado lo había hecho pecar (Génesis 3:12). En lugar de confrontar su pecado y buscar restauración, Adán culpó a Dios y se justificó a sí mismo.

Cualquiera sea el pecado, estoy seguro que usted es lo suficientemente hábil como para ingeniárselas y encontrar una excusa que lo justifique. Después de treinta años en consejería, he oído casi cada excusa imaginable. Pero la autojustificación nunca podrá proveer un remedio para el pecado. Mientras no estemos verdaderamente dispuestos a decir con el hijo pródigo: «Padre, he pecado contra el cielo y contra ti, y ya no soy digno de ser llamado tu hijo» (Lucas 15:21) no habrá cambio. El hijo no culpó ni a su padre, ni a sus amigos, ni a Dios sino que asumió la total responsabilidad por sus actos. Ese es arrepentimiento verdadero y el gran primer paso hacia la restauración.

Paso 2: Arrepiéntase de su egocentrismo

Según una definición clásica, arrepentimiento es «una tristeza piadosa por el pecado, lo que produce un retorno interno en obediencia a Dios». Esa fue la experiencia del rey David después de su espantoso pecado, según aparece en varios de sus salmos: «Bienaventurado aquel cuya transgresión ha sido perdonada, y cubierto su pecado. Bienaventurado el hombre a quien Jehová no culpa de iniquidad, y en cuyo espíritu no hay engaño. Mientras callé, se envejecieron mis huesos en mi gemir todo el día. Porque de día y de noche se agravó sobre mí tu mano; se volvió mi verdor en sequedades de verano» (Salmos 32:1-4).

Obviamente, la culpa, la vergüenza y los remordimientos habían producido en David tal desesperación que «perdió su vitalidad». La desobediencia a Dios y la culpa que produce hará sentirse a cada cristiano lo mismo que sintió David. Pero tal contrición es una señal que el hijo de Dios está arrepentido. En medio de tal angustia, el cristiano arrepentido, sin importar la magnitud de su pecado ni cuánto tiempo estuvo sumido en él, puede volver a su Padre misericordioso y arrepentirse de su egocentrismo, que es lo que originalmente produjo el pecado. Es bueno confesar nuestros «pecados», el verdadero problema es el pecado singular del egocentrismo. Cuando Cristo sujeta las riendas de nuestra vida, no pecamos. Él nunca nos conduce a pecar. Por lo tanto, debemos arrepentirnos del egocentrismo, con lo cual estaremos eliminando la posibilidad de pecar.

Paso 3: Confiese todos los «pecados» conocidos

El Nuevo Testamento nos dice: «Si confesamos nuestros pecados, él es fiel y justo para perdonar nuestros pecados, y limpiarnos de toda maldad» (1 Juan 1:9). En Salmos 32:5 David hace un paralelo a esta promesa: «Mi pecado te declaré, y no encubrí mi iniquidad. Dije: Confesaré mis transgresiones a Jehová; y tú perdonaste la maldad de mi pecado».

En su maravillosa gracia, Dios parece dispuesto a mantenernos limpios de todo pecado... *si* los confesamos. Esto no solo libra nuestra conciencia de culpa sino que también nos capacita para evitar algunas de las consecuencias del pecado. Después de decirnos que juzguemos nuestro propio pecado, el apóstol Pablo agrega: «Si, pues, nos examinásemos a nosotros mismos, no seríamos juzgados» (1 Corintios 11:31). Dios parece permitir un tiempo entre nuestro pecado y su juicio. Si nos arrepentimos y confesamos en el nombre de su Hijo, podemos obtener perdón y ser dispensados del juicio de Dios. Eso no significa que nos libraremos de las consecuencias del pecado. Como lo ilustra la historia de Alison en el capítulo 1, confesar su pecado no la libró del embarazo que resultó de su relación con un hombre casado. Aunque tuvo que sufrir la humillación de tener que decírselo a su familia y dar a luz un hijo ilegítimo. Y al hombre le costó su posición de liderazgo en la iglesia y la responsabilidad de sostener económicamente a un hijo concebido fuera del matrimonio, lo que a su vez requeriría contárselo a su esposa, con la posibilidad que las consecuencias fueran permanentes. Pero gracias a que ambos se arrepintieron y confesaron su pecado, evitaron cualquier juicio adicional de parte de Dios.

Paso 4: Entregue de nuevo el control de su vida a Dios

El arrepentimiento y la confesión no estarán completos mientras la persona no retorne en obediencia a Dios. El Señor nos advirtió a no ser «como el caballo, o como el mulo, sin entendimiento... que han de ser sujetados con cabestro y con freno» antes que lo obedezcan. Él dijo: «Te haré entender, y te enseñaré el camino en que debes andar; sobre ti fijaré mis ojos» (Salmos 32:8-9). Luego nos deja para que nos rindamos a su voluntad. Cada vez que no estamos rendidos o cedemos a su voluntad estamos en desobediencia a él (Romanos 8:11-13; 12:1-2).

Dios tiene un propósito para su vida, y el primer paso es siempre rendirse a ese propósito aun antes de saber cuál es. Se demuestra esa rendición cumpliendo su voluntad el día de hoy. Esto es la clave para descubrir su voluntad para mañana.

Paso 5: Examine sus hábitos devocionales diarios

A menudo nos deslizamos fuera del círculo de la voluntad de Dios debido a que perdemos la relación con él. Por eso, debemos leer, estudiar y memorizar la Palabra sobre una base regular, para, como dijo David: «no pecar contra ti» (Salmos 119:11).

Las devociones diarias, así como el comer, necesitan prolongarse para que sean efectivas. A veces se come pausadamente; en otras ocasiones, nos echamos un bocado a la carrera antes de salir para el trabajo. En cualquier caso, se ingiere algún alimento con valor nutricional. Aunque unos pocos minutos que tome para leer la Palabra de Dios en la mañana y también antes de ir a dormir le puede dar un mensaje de Dios. Luego entonces, puede hablar con él en oración al salir al trabajo o cuando reflexiona acerca de lo que ha sido su vida durante el día. Recuerde, usted no puede mantener una relación con Dios o andar con él a menos que vaya por el rumbo que él tiene para usted. El apóstol Pablo dijo que tendremos comunión con él si «andamos en luz, como él está en luz» (1 Juan 1:7). Si andamos en oscuridad (lo cual significa andar fuera de la voluntad de Dios), nos estamos engañando a nosotros mismos al pensar que estamos caminando con él (1 Juan 1:6-7). Las devociones diarias son esenciales si queremos caminar con Cristo por el sendero de la vida. Ellas actúan como un salvaguarda para ayudarnos a conocer su voluntad. Como vimos en el capítulo 6, la Biblia es nuestro mapa del camino para vivir, guiándonos al centro de la perfecta voluntad de Dios.

Paso 6: Evalúe sus circunstancias a la luz de las señales de Dios

Si usted ha estado por un tiempo desconectado con Dios, vuelva al capítulo 7 y repase las señales del camino que allí se describen. Memorícelas y siga sus instrucciones en forma cuidadosa. Gradualmente va a encontrarse de nuevo en su voluntad buena, en su voluntad aceptable o en su voluntad perfecta. Esto, por supuesto estará determinado por cuánto tiempo estuvo usted fuera de su voluntad, cuánto le desobedeció, qué clase de decisiones tomó cuando estaba fuera de su voluntad y las consecuencias de su pecado. Pero Dios siempre mantiene la posibilidad de que a lo menos cumpla su voluntad buena, a menos que, por supuesto, que la restauración de un cristiano ocurra en su lecho de muerte.

La historia bíblica más dramática de restauración del pecado aparece en la vida de Sansón, uno de los jueces de Israel. Cuando este anduvo en la voluntad de Dios fue dotado con una fuerza sobrehumana. Pero luego se salió de la voluntad perfecta de Dios tras haber abusado de los dones que Dios le dio, violar la ley moral de Dios viviendo en pecado fuera del matrimonio con una mujer incrédula y violando su pacto con Dios al dejarse cortar el cabello. Muy pocos creyentes han despilfarrado más talento y oportunidades que el desobediente Sansón. Su juicio es bien conocido: «Perdió su poder, fue capturado por el enemigo que le sacó los ojos. Ciego como estaba, Sansón se arrepintió y Dios le dio una última oportunidad de servirle. Al hacerlo, destruyó más enemigos de Dios en su muerte que durante toda su vida» (véase Jueces 14-16).

Mientras tenga vida, Dios puede usarlo. Sí, es posible que no pueda cumplir la voluntad perfecta de Dios, pero sí puede disfrutar de su perdón y cumplir su voluntad buena, cualquiera que sea.

Piense en John, el ministro al que nos referimos en el capítulo 1, quien comprometió su ministerio al cometer adulterio. Cuando él y su esposa vinieron a verme, estaban tratando de decidir si Dios querría o no que hablaran a la congregación del adulterio. Pero ya alguien más había tomado la decisión por ellos. La «otra mujer» había confiado su pecado a otra persona, su mejor amiga. Solo una persona. Pero pronto toda la congregación sabía del asunto, y Juan se vio forzado a renunciar, humillado, de su posición pastoral.

Sin embargo, debido a que John se arrepintió verdaderamente, pudo rededicar su vida al servicio de Dios. Aunque el Señor no le permitió volver a ser el pastor principal de una congregación, John empezó a ganar almas para Cristo y hoy día es un ministro de evangelización muy efectivo en una iglesia grande, enseñando a otros cómo compartir su fe. Vea el Cuadro H para comprobar el círculo de la vida de John.

Compare a John con el maestro de Biblia que cometió el mismo pecado y aún ahora sigue revolcándose en el cieno de la autocompasión sobre su vida arruinada. Aunque Dios lo ha perdonado, él nunca se ha perdonado y, en consecuencia, hoy día no disfruta de un ministerio efectivo.

El cristiano reivindicado

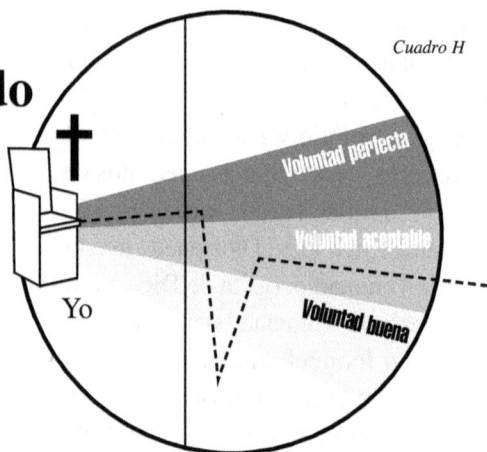

Cuadro H

Voluntad perfecta

Voluntad aceptable

Voluntad buena

Yo

Moral / Universal Voluntad de Dios	Voluntad individual de Dios para usted	Decisiones más importantes de la vida

Diez Mandamientos

1. Recibe salvación
2. Anda en el Espíritu
3. Rendición total
4. Vivir una vida santa
5. Obedece a la autoridad
6. Sé agradecido

Educación
Vocación
Matrimonio
Trabajo
Casa
Iglesia
Amigos
Otros

Dios quiere usar su vida dondequiera que usted esté *hoy*.

Paso 7: Agradezca a Dios anticipadamente, por fe, la dirección que le dará a su vida

Arrastrarse en vergüenza, culpa y remordimiento después de arrepentirse nunca será la voluntad de Dios. Una de las técnicas de Satanás es desmotivar a los cristianos arrepentidos como una forma de impedir que vuelvan a servir a Dios. Efectivamente, es posible que usted se sienta incómodo al volver a su iglesia y pensar que ya no califica para servir como ministro, diácono, maestro de Escuela Dominical o líder. *Sin embargo, no debe dejar que eso destruya su espíritu.*

Recuerde que el perdón puede tener lugar en el momento en que usted se arrepiente y confiesa su pecado en el nombre de Jesús. La restauración al servicio, sin embargo, toma tiempo. Algunos cristianos se molestan y pierden la paciencia porque no son restaurados inmediatamente a su antiguo puesto de servicio o liderazgo. No tienen por qué sentirse así. Incluso los cristianos nacidos de nuevo no son elegibles para tal servicio porque deben probarse, según la Escritura. Si usted se ha rebelado contra la voluntad de Dios y ha pecado, se ha demostrado a usted mismo ser una persona poco confiable; por lo tanto, necesita *superar* esa situación. Y ese proceso toma tiempo. Y requiere que usted mantenga una buena actitud.

No llegue a la conclusión equivocada que la buena actitud de la gente puede ser equiparada con la aprobación de Dios. Si usted fue un líder de una iglesia o un cristiano experimentado antes de salirse de la voluntad de Dios, no espere retomar rápidamente el liderazgo que tenía, como si no hubiera pasado nada. Si fue motivo para que la causa de Cristo se desprestigiara, tomará tiempo restablecer su elegibilidad para el liderazgo y la aprobación de la iglesia. Muchas congregaciones aplicarán un periodo de probatoria de un año o más antes de restaurar a un cristiano maduro que ha fallado a las posiciones de responsabilidad. La Biblia no ofrece un tiempo específico para que esto ocurra.

Los creyentes que han abandonado la voluntad de Dios necesitarán, primeramente, la aprobación espiritual de Dios. El perdón es instantáneo, pero enseguida ellos deben reconstruir sus músculos espirituales atrofiados mediante el estudio de la Biblia y el caminar diario en el Espíritu, manteniendo siempre la vista puesta en la meta de servicio a él. Recuerde este principio: La persona que «ha sido fiel en lo poco» será puesto «sobre mucho» (Mateo 25:21). Empiece en lo poco. Sea humilde. Fiel donde está: su casa, su vecindario, su trabajo. Pero sobre todo, concéntrese en guiar a otros a Cristo.

A dondequiera que dirija su mirada, va a encontrar gente que necesita a Jesús. Si confía en que Dios lo capacitará para ganar almas para el reino, él abrirá otras puertas para usted. Un ex líder cristiano guió a varios vecinos a Cristo después de su restauración e inauguró un estudio bíblico en su casa para ellos. El grupo creció rápidamente y pronto se transformó en una iglesia. Hoy día es el pastor de esa congregación en pleno desarrollo. Su pecado, que nunca ocultó, ya es cosa del pasado.

Dondequiera que esté en este mundo complejo, Dios quiere usarlo. Permita que él lo haga siendo fiel donde se encuentre y gradualmente sus puertas de oportunidad se irán abriendo aún más. Dios le ha dado vida, talentos, salvación, su Palabra, su Santo Espíritu, conocimiento bíblico y oportunidades. Olvídese de aquellas cosas que están en su pasado e inicie hoy, por fe, y para el resto de su vida un servicio obediente y oirá al Señor decir: «Bien, buen siervo y fiel... entra en el gozo de tu señor» (Mateo 25:21). Quizás usted pregunte: «¿Y qué va a pasar con mis pecados confesados?» ¡Olvídelos! Dios los tiene. Su Palabra dice que Dios no se acordará *nunca más* de sus pecados y transgresiones (Hebreos 10:17).

DAVID, EL HOMBRE CONFORME AL CORAZÓN DE DIOS

Ya hemos visto que el rey David, durante un periodo de dieciocho meses de su vida «falló» tan rotundamente como cualquier ser humano. Lujuria, adulterio, engaño, abuso de autoridad, asesinato, etc. Pero después de su castigo, arrepentimiento, juicio, remordimientos y restauración, Dios lo usó para guiar a la nación durante muchos años. Pablo dijo de David: «Quitado este [Saúl] [Dios] les levantó por rey a David, de quien dio también testimonio, diciendo: He hallado a David hijo de Isaí, varón conforme a mi corazón, quien hará todo lo que yo quiero» (Hechos 13:22).

¿Y qué pasó con el pecado de David? ¡Fue olvidado! De la misma manera los suyos, si usted se ha arrepentido y los ha confesado. Ahora podrá pasar el resto de su vida sirviendo a Dios. Este mundo confundido y vacío lo necesita. Se le garantizará una vida plenamente feliz solo si la vive como un servicio a él.

Alguien ha dicho: «Usted puede vivir su vida como se le antoje, pero solo puede vivirla una sola vez». Es mi oración ahora que ha leído este libro, que viva el resto de su vida haciendo la voluntad perfecta, aceptable o buena de Dios. Dependiendo de cuál está todavía abierta para usted, le puedo garantizar una cosa: «Cuando llegue al cielo no se arrepentirá de la decisión que hizo».

[1] Tim LaHaye, *Cómo estudiar la Biblia usted mismo,* Harvest House, Eugene, Oregon, 1976.

[2] Tim LaHaye, *The Battle for the Mind,* Revell, Old Tappan, 1980, un resumen de los capítulos 3 y 4

[3] En la legislación de los Estados Unidos, el capítulo 11 es el que tiene que ver con la bancarrota.

[4] Tim LaHaye, *How to Study the Bible for Yourself,* Harvest House, Eugene, Oregon, 1976.

[5] J. Grant Howard, *Knowing God's Will and Doing It!,* Zondervan, Grand Rapids, 1976, p. 4.

[6] A.W. Tozer: «*How the Lord Leads*», tratado disponible en Christian Publications of Harrisburg, Pennsylvania.

[7] J.I. Packer, *Finding God's Will,* InterVarsity Press, Downers Grove, 1985.

[8] Paul Little, *Affirming the Will of God,* InterVarsity Press, Downers Grove, 1971, p. 27.

[9] Grant Howard, *op. cit.,* pp. 94-95.

Nos agradaría recibir noticias suyas.
Por favor, envíe sus comentarios sobre este libro
a la dirección que aparece a continuación.
Muchas gracias.

Editorial Vida®
.com

Vida@zondervan.com
www.editorialvida.com